그림자찾기

김봉철 시인 제2시집

그림자찾기

김봉철 지음

발행처 | 도서출판 국보
발행인 | 임수홍
편 집 | 안영임
디자인 | 맹신형

인쇄 2015년 3월 10일
발행 2015년 3월 15일

주 소 | 서울시 강동구 양재대로114길 32 2층
전 화 | 02-476-2757 / 476-7260
팩 스 | 02-476-2759
이메일 | kbmh11@hanmail.net
홈페이지 | http://cafe.daum.net/lsh19577

값 9,000원
ISBN 978-89-93533-98-9

「이 도서의 국립중앙도서관 출판예정도서목록(CIP)은 서지정보유통지원시스템 홈페이지(http://seoji.nl.go.kr)와 국가자료공동목록시스템(http://www.nl.go.kr/kolisnet)에서 이용하실 수 있습니다.(CIP제어번호: CIP2015007751)」

| 책머리에 |

지팡이를 휘두르면 바람소리가 난다. 세게 휘두르면 날카로운 큰소리가 난다. 부드럽게 휘두르면 부드러운 소리가 난다. 소리는 휘두르는 동작 후에 들린다. 지팡이에 맞고 쓰러지기도 하지만 소리 때문에 넘어 지기도 한다. 지팡이는 항상 피에 젖어 있고 피의 기름기 때문에 오래될수록 지팡이는 더 단단해 진다. 지팡이의 소유자는 주로 타의에 의해 수시로 자주 바뀐다. 지팡이의 소유자는 영원해 지기를 위하여 자기 이름을 지팡이에 새겨 넣는다. 그러나 지팡이에는 소유자들의 이름이 너무 많아 더 이상 글자를 새겨 넣을 빈자리가 없다.

지팡이를 휘두르면 바람소리가 난다. 세게 휘두르면 날카로운 큰소리가 난다. 부드럽게 휘두르면 부드러운 소리가 난다. 소리는 휘두르는 동작 후에 들린다. 새로운 지팡이로 교환을 하기도 하지만 새로운 지팡이는 아주 위험한 지팡이가 되기도 한다. 구식 지팡이건 신식 지팡이건 지팡이들은 모두 나무로 만든다. 나무를 숭배하지는 않지만 지팡이는 숭배 받는다. 지팡이는 오랫동안 함께 한 사람일지라도 함께 무덤에 묻히는 일은 없고 다음에 살아있는 자의 것이 되어 빛나는 명예를 유지한다. 소유했던 자들이 어둠 속에 사라져도 지팡이만 남아 계속 존경을 받는다.

지팡이를 휘두르면 바람소리가 난다. 세게 휘두르면 날카로운 큰소리가 난다. 부드럽게 휘두르면 부드러운 소리가 난다. 소리는 휘두르는 동작 후에 들린다.

휘두르지 않으면 소리가 나지 않는다.

Contents

제1장 우파니샤드

Contents

제2장 시인이 죽은 사회

Contents

제3장 과학 소년의 사랑법

Contents

행복한 시간

1장

우파니샤드

우파니샤드 I

바람 속에서 선박을 건조하면서 살면 되는 줄 알았는데 대통령 선거에서 10% 이상 절대 여당에게 득표율을 주지 않는 통쾌함 때문에 살았던 이곳 목포에서 어느 날 애인은 통보도 없이 서울로 이사를 가 버렸다. 뜻하지 않은 무책임한 이별을 하게 된 나는 바빌로니아 교회 십자가가 걸려있는 지붕을 멍하니 쳐다 보고 있었다.

잠깐 썩은 세상과 쓸데없는 논쟁으로 핏대를 세워 방심하는 동안, 나는 내가 이 세상에서 가장 소중한 것을 잃어 버렸다는 사실을 깨달았다. 잃어버린 소중한 것이 무엇이었는지 알고 싶었으나 교회는 비어 있었고 신안 섬으로 낚시하러 간 친구 예수는 아직 돌아오지 않았다.

어제와 오늘과 내일 사이로 관통하는 철도를 타고 애인이 새로운 사상思想의 세계로 여행을 떠나는 것은 위험한 계획일지도 모른다. 그나마 내가 무단히 찾고자 했던 열쇠를 아내는 결코 돌려 주지 않을 것이며, 새로운 정부가 해결할 문제도 아닐 것이며, 깊은 밤에 문 밖에서 기다리는 죽음이 어떤 생각을 하는지 고민할 필요도 없다. 담보는 없고 기술만 가진 죽음이 깊은 밤이면 항상 문 앞에서 나를 기다리는 이유는 단 하나, 나의 그림자가 실종되어 내가 죽은 줄로 착각하고 나를 땅속으로 끌고 들어가기 위해서 일지 모른다.

서울로 간 애인에 대한 루머는 진실이다. 루머가 진실이고 진실이 루머로 들려도 좋을 뉴스들 속의 술집에서 나는 친구들과 만나 제3차 핵실험에 대하여 국제 사회처럼 강력한 제재制裁 발언을 해야 했고, 선박 건조에 대한 하이 테크놀로지에 대하여 아는 척 하며 핏대를 올리고 있었지만, 서울로 간 애인의 집이 어디인지, 거기서 무슨 인맥을 형성하고 있는지, 여왕벌이 수많은 꿀벌들을 꽃밭에 풀어 어떻게 꿀을 모아 오는지, 죽음이 깊은 밤이면 문밖에서 서성거리는 다른 이유가 있는지, 애인의 애인으로서 나는 아직 임기가 남아 있고, 그래서 나는 그 문제에 대하여서는 입을 꼭 다물고 있어야 했다.

아내는 이상해진 나를 관찰한 나머지 내 그림자가 없어진 것을 알고 큰 형수에게 나의 그림자에 대하여 상담 했는데, 형수님은 무당巫堂 한 사람을 아내에게 소개 시켜 주었다. 무당은 월출산 밑에 차린 돼지 대가리가 놓인 제삿상 앞에서, 내 그림자를 찾기 위하여 8.15 해방부터 6.25를 거쳐 4.19와 5.16과 5.18에서 정치적으로 억울하게 죽은 자들의 영혼부터 불러들이기 시작했는데, 이틀을 연속해서 굿을 해도 나의 그림자가 거기에 나타날 일은 없었다. 삼국시대부터 조선시대까지 역사적 범주가 넘어서서 견적見積이 크게 불어나자 아내는 굿을 그만 두었다.

아내는 그래도 나를 포기하지 않았다. 무엇인가 나의 몸뚱아리에 그림자를 붙여 주지 못해서 다른 사람의 그림자라도 사 보려고 절에도 가보고 교회에도 가보고 그림자에 대한 전문 서적도 구입해서 모조리 읽었다. 그러다가 미국에서 공부한 아들이 방학이 되어 돌아오자 아내는 비로소 나에게서 손을 떼었다.

나는 내 그림자를 어디에서 잃어 버렸는지 모르겠다. 텔레비전 속과 인터넷 속과 근대사를 찾아 샅샅이 뒤져 보았으나 종이 일간지는 조사해 보지 않았다. 오늘이 3.1절이어서 그날 만세를 부르다 일본 순사 총에 맞아 실종되었는가 착각도 했는데 거기에는 아무래도 내 연대가 맞지 않았다. 아우렐리아노 대령도 아니고, 신드바드도 아니며, 이순신 장군도 그의 부하도 아니며, 요덕 이야기에 나온 뮤지컬 배우들의 한 사람이거나 거기서 수용된 정치범일 수도 없으며 오다 노부나가도 아니다.

그림자를 버리게 되면, 이웃 친구인 예수나 도갑사寺에서 도道를 열심히 닦고 있는 석가 형님처럼 되지는 못하더라도 최소한 신神이 줄그어 놓은 도덕적 경계에서 삐죽거리는 그런 인간이 되고 싶은 꿈을 가진 적은 있다. 나는 어두운 병동病棟에서 비밀리 그림자에게 나의 양심을 이식移植시켜 주었으나, 양심은 노래방의 리듬 전등처럼 곡조에 따라 수시로 변하여 나는 오히려 그 후 그림자의 비위를 맞힐 수 없었다.

성년이 되자 암놈을 찾아 외박外泊이 잦아진 공장의 잡종개 바실이처럼, 내 그림자는 내가 잠든 틈을 타 외출이 잦아 진 것을 나는 이미 알고 있었다. 더 지능이 발달하고 세상을 알게 되어 나보다도 더 똑똑해 지면 나의 그림자는 나를 떠날 것이다.

나는 오히려 그림자가 자수성가 하도록 목돈도 떼어 주어 독려했고, 세상을 보여 주려고 유흥가에 데리고 가 접대드해 주었고, 대학에도 보내 공부도 시켰고, 그림자의 그림자 친구들을 더 많이 사귀도록 하며 사회에 나가도 적응이 잘 되도록 바랬고, 하고 싶다는 것은 모두 들어 주면서 바람과 같은 절대 자유 의지를 주려고 힘썼다.

그러나, 그런 나의 노력에도 불구하고 그림자는 나를 떠나지 않았다. 떠나기는커녕, 더 가까이 나에게 달라붙어 절대로 떨어지지 않았다. 이미 나의 모든 재산뿐만 아니라 사적인 비밀까지 다 알게 되었고, 사사로운 습관이나 행동까지 똑 같이 따라 했을 뿐 아니라, 앞으로 내가 어떤 음모를 꾸밀 것인지, 내가 마음 속으로 누구를 좋아하고 미워할 지, 그림자의 감각은 점점 예리해져 내가 생각한 것 보다 더 빨리 선견지명을 가지게 되었으나, 그렇다고 나보다 빨리 행동하는 법은 없었다.

언제부터 인가 나는, 오히려 그림자에게 감시당하고 있다는 생각이 들었다. 혹시 나의 치명적인 비밀을 아내에게 밀고 할지도 모르겠고, 비밀 금고의 열쇠 번호를 알아 두었다가 몰래 도둑질 하지는 않을지, 그림자를 떼어 버리기 위해 암암리 지금까지 내가 해 온 음모를 눈치 채지는 않은 것인지 몰라, 나는 정신적으로 안정이 되지 않았다. 그러나, 음주운전을 조사하는 경찰처럼 양심이 이식된 그림자는 나의 돌발적인 욕구를 가끔은 억제시켜 주는 역할도 하긴 했다.

나는 그림자가 없으면 좋겠다. 그림자는 그늘진 삶이며 음모와 쾌락과 뱀과 좌절과 같은 끝없는 고뇌를 대량 생산할 수 있는 자동사출용 금형일 수 있다. 그림자 없는 나를 아내가 다른 사람에게 소개할 때는 조금 창피할지 모르겠지만, 그림자 없는 나 같은 사람들만 모여서 산다면, 그리고 아내도 그림자를 버리게 된다면, 고통스러운 숙제를 풀어야 하는 내일이 아니라, 인생이란 살아 볼만한 신비한 날이 될 수도 있을 것이다.

그러던 어느 날 애인으로부터 문자가 왔다, 내 그림자를 데리고 서울에 올라 왔다고.

놀라서 바로 답장을 했다, 서울에 밤차로 바로 올라가 내 그림자를 데리고 내려오겠다고. 그러자 곧, 새로운 그림자를 찾으면 내 그림자는 목포행 기차로 내려 보내 줄 것이므로 서울에 올 필요가 없다고,

애인은 답변을 보내 왔다. 마침 커다란 민어 한 마리를 잡아 의기양양하게 낚시에서 돌아오는 예수를 동네 골목길에서 마주쳤으나, 나는 그에게 아무것도 물어 보지 못했다.

우파니샤트II

정체성을 잃어버린 정부를 의심하기 시작한 아내는 나를 우선 독방에 가두고 내 그림자를 찾기 위해 서울로 떠났다. 여자와 남자를 포함해 내가 세상 사람들 모두를 사랑한다는 진실을 아내는 결국 인정해 주지 않은 결과였다. 감옥 창살에 아침이면 항상 참새가 와서 똥을 싸고 돌아 갔다. 나는 간수에게 참새의 불쾌한 행위에 대하여 항의했으나 나의 불편한 감정은 참새를 법적으로 처벌하지 못했다. 창살 밖에는 봄비가 내리고 있었다.

청문회가 봄 날씨처럼 열리는 날, 정부로부터 거액 용역비를 받은 까치들은 나의 비리非理를 심문했다.

오래된 단독 주택의 토굴土窟에 살던 비리는 땅개미처럼 이삿짐에 묻어 신도시 아파트로 이사 가게 되었는데, 마침 아파트 가격도 올랐다. 뇌물도 들어오고 월급도 꼬박꼬박 모아 자금이 모아지자, 이 비리는 계속해서 아파트를 구매해서 성공적으로 차액을 남겨서 우리 집을 부자로 만들었다. 비리는 나의 그림자와 함께 토론하고 고뇌하면서 손익을 따지고 더 발전하여 정부의 개발 기밀을 빼내 아파트에서 땅으로 투자하고 빨리 선수先手를 쳐서 항상 이기는 게임을 하며, 우리 가족을 행복하게 만들었다.

비리와 나의 그림자는 주로 아내와 모의하여 재산을 늘렸다. 늘어난 현금과 재산은 아내가 소유했고 나머지는 나의 그림자가 차명借名으로 아내를 보좌했다. 나의 직장에서 받은 급여는 총소득에서 점차 보잘것없는 소득 비율이 되어 나의 자본주의도 보잘것 없이 추락하면서 사실 나의 본체는 그때 실종되었고 나의 그림자만 신뢰를 받아 신축 아파트로 아내를 따라 가게 되었다.

아들의 군대 문제만해도 그러했다. 학교에서 주어와 술어를 확실하게 배우지 못한 아들은 영어와 수학과 컴퓨터를 배우기 위해 대학을 졸업하고 대학원에서 공부하고 언제 끝날 줄 모르는 박사논문을 쓰면서 군대 문제를 비리와 아내에게 의뢰했다. 보수주의자인 나는 내 그림자를 꼭 붙들고 제발 군 입대 문제 회의만은 참석하지 말라고 사정했으나, 민주적인 가족은 다수결 원칙에 의거 아들을 군대에 보내지 않는데 편파적으로 합의하였다. 그 동안 나도 정부의 고위 관료로 성장해서, 아내와 비리와 내 그림자와 나의 자식들도 나와 동등한 고위 관료 수준으로 사회적 대접을 받았는데, 우선 실행 계획에 따라 아들을 병신으로 만들었고 장해등급을 받고, 관련 네트워크를 위에서 아래까지 매수하여, 아들이 공부만 계속하게 하는데 저렴한 비용으로 성공했다.

비리는 우리집의 해결사였다. 비리는 흰 수염을 달고 나의 그림자의 스승으로서 인격과 지능을 교육해 왔고, 나의 그림자는 아내와 협잡을 하면서 우리 가족 전체를 실리적으로 행복하게 했을 뿐 아니라, 덕분에 성공한 집안으로서 우리 가족은 다른 사람들에게도 존경을 받을 수 있었다.

천안함사태 애도기간에 골프를 갔고, 연평도 도발 이튿날 일본 온천여행을 떠난 나의 비리들은 산문山門을 지키는 괴물들처럼 심문들 앞에 바지도 벗지 못하고 오줌을 찔끔거릴 수도 있다. 이것은 통치 시스템 위에 군림해 있는 그림자들의 좌석들 중의 하나를 수단과 방법을 가리지 않고 쟁취하여 나의 그림자를 그 자리에 올려놓기 위함이다.

신입으로 들어온 아가씨가 얼마나 알코올에 잘 적응할 수 있는지 룸살롱 마담이 시험해 보는 것처럼, 완월동에서 남자를 상대로 일하는 여성들이 보건소에서 주기적으로 신체검사를 하는 것처럼, 군대입대 신체검사 때 항문을 보이고 고무장갑이 불알을 만지작거리는 것처럼, 비록 오늘 하루를 치욕스럽게 보내더라도,

나는 오늘 하루를 참고 견딜 것이다. 그 자리는 빛나고 칭

송되는 자리가 결코 아니다. 굶주린 배를 채우기 위함이 아니라, 솔직히 굶주린 욕망을 채우기 위함이다. 꿈이며, 꿈을 이루어지는 순간이며, 불리하면 꿈을 깨서 현실로 돌아가면 될 일이고, 책임질 의무도 없고, 국민을 위함이 아니라, 나의 그림자와 아내와 사망한 그림자들에게 대한 우쭐거림이며, 나의 보스에게 충성을 드리기 위함보다는, 나아가 갈 때까지 가보자는, 하느님과 싸워서 비겨 보려는 무한 욕망의 기회이며, 뒤늦게 후회하는 본성本性을 위한 것이다.

오늘 하루만 허물을 벗고 내 치부恥部들이 공중파를 통하여 잠시 화면에 보여진들 나는 바람에 쓰러지는 갈대처럼 처절하게 쓰러지는 모습을, 나의 진정성을 여러분에게 보여 줄 것이며, 집으로 돌아가면 나의 그림자와 비리와 비리와 절친한 자식들과 아내가 오래간만에 다 함께 준비해 둔 파티에 참석하여, 오늘 일어난 일말의 해프닝을 바로 잊을 것이며, 내일의 영웅으로 변신해 있어야 할 것이다.

그 다음 일은 나와 나의 그림자가 서로 역할을 바꿔 나의 그림자가 내 대신 청사에 출근하면 된다. 나의 그림자는 그러한 역할에 대한 천재적 재능이 있으며 시간을 중복해 쓸 수 있고, 동시 출연이 가능하여 업그레이드 된 프로그램에 의해 날마다 진화될 것이다.

나뿐만 아니라 다른 사람들도 사실 자기의 그림자를 정계나 회사나 직장에 내 보낸다고 들었다. 급속하게 자전하는 현대 사회의 팽이 같은 가속加速 회전체 속에 인간과 생물이 도저히 어지러워 생존하기 어렵다는 사실을 사람이면 다 안다. 그림자들만 그곳에 두고 우리는 멀리 다른 세계로 떠나야 한다.

아무에게도 발각되지 않도록 비밀스럽게.

우파니샤드III

내 그림자를 택배로 보내옴으로 애인은 나에게 이별을 간단하게 통보했다. 서울로 올라 간 후 그녀의 새로운 네트워크가 완성되었음을 추측할 수 있다. 그녀의 네트워크에서 은행, 정부, 군사 기밀에 연결된 유선과 무선에 복면을 쓴 투명 해커로서 라인을 밟고 종횡 무진 다녔던 나는 이제, 구시대의 유물로 박물관의 유리 상자에 들어가 박제가 되던가, 아니면 더 이상 작동 불능으로 고물상에서 해체되든지, 아니면 부분적으로 쓸만한 내장이나 눈이나 콩팥 같은 것들을 분해하여 병원 재료로 쓰여야 하는 신세가 되었다.

아내는 손에 받은 소포를 뜯고 구겨진 나의 그림자를 아무 말 없이 세탁소에 맡겼다. 불편한 진실이 세탁소에서 모두 세탁되는 동안 꽃이 피기를 기다리는 3월 폭설이 내렸다.

텔레비전은 산골짜기 빌라에서 성 접대를 받은 고위 관료의 얼굴을 아직 못 찾아내고 있었다. 유럽 국가들이 모여 거대한 한 나라를 만들려고 하는 진실이 무엇인지 그 의문이 풀리지 않은 아내는 배후에 있는 그림자들의 정체를 꼭 파헤쳐야 한다고 로마행 비행기에 올랐다. 나와 애인에 대한 불편한 진실을 잊기 위하여 잠시 떠나는 여행이라는 것을 알고 있었지만 아내가 돌아올 때, 어떤 얼굴로 돌아올지 나는 두려웠다.

아내가 바티칸제국으로 떠 난 후, 20년만 수명을 더 연장해 달라고 나는 하느님에게 매일 편지를 쓰고 간곡하게 기도를 드렸다. 그러던 어느 날 마침내 하느님으로부터 답장을 받았다. 답장에는 살아 있는 동안 해야 할 임무들과 종사해서는 안 되는 직업들이 적혀 있었다.

이러한 새로운 사실을 나는 애인에게 문자로 보내, 내가 애인과 과거의 관계로 다시 돌아갈 수 있는지를 파악했다. 애인으로부터가 아닌 애인의 새로운 남자 친구로부터 답변이 왔는데, 임시직이라도 좋다면 고용하겠다는 답변을 받고 나는 만족해야 했다. 임시직이었지만 나의 일상은 제대로 자전하기 시작했다.

새로 세탁된 그림자를 입고 출근한 애인의 네트워크는 감히 상상할 수 없을 정도로 광범위해져 있었다. 그녀의 얼굴은 감히 볼 수 없었고 14번째의 홀을 지나고 있을 때, 16번째의 홀에서 드라이버를 친 그녀의 볼이 오비가 되어 14번 홀로 공이 흘러 들어왔을 때 나는 그녀를 멀리서 간신히 뒷모습만 볼 수 있었다.

나의 임무는 중국에서 탈북자를 안내하여 무사히 한국으로 보내는 안내인이나, 정력이 부족한 남자들에게 건강식품을 팔거나, 교회에서 와리깡하여 매입한 천국에 들어가는 입장권을 팔거나, 병원에서 치료하기를 포기한 수명이 다한 사람들을 모아 죽은 사람들의 그림자를 골라 적당히 붙여 주기도 하고, F-22를 국경선으로 보내 북한을 위협하거나, 뇌물이나 비자금을 운반하는 잔심부름을 하는 역할을 담당했는데, 나는 일을 열심히 했으나, 애인이 나를 따로 불러주는 일은 결코 없었다.

뭔지 모르겠으나, 나의 그림자는 애인을 무서워 한 것 같았다. 나는 열심히 일해 애인에게 잘 보이려고 무진 애를 썼으나, 나의 그림자는 애인과 가까워질수록 공포에 떨고 있었다.

그림자가 애인에게 붙들려 있을 때, 애인이 내 그림자에게 무슨 일을 저질렀는지 나는 결코 알고 싶지 않았다. 두 손과 발을 나일론 로프로 묶고 숨을 쉴 수 없도록 고춧가루 물속에 머리를 집어넣거나, 어려운 질문을 하여 정답을 못 맞추면 의자에 포박하여 전기 고문을 하거나, 아니면 애인이 나를 너무 그리워한 나머지 내 그림자의 옷을 모조리 벗기고 무리한 성추행을 하여 어처구니 없는 사이가 되었더라도, 나는 더 이상 애인과 반목할 의사는 하나도 없었다.

내가 열심히 일 할수록 그림자는 점점 우울해진 것 같았다. 경기 들린 것 같은 그림자는 나를 불안하게 했다. 붉으락푸르락 얼굴색깔을 바꾸면 과거와 미래가 뒤바뀌고, 정신 분열로 헛것을 보고 혼자 중얼거리고, 방문을 꼭 닫고 도무지 나를 따라 문 밖의 햇빛 아래로 나서려고 하지 않았다.

아내에게 오해를 받지 않으려면 그림자는 항상 나와 있어야 한다. 아내는 내가 20년 더 살 수 있다는 사실을 모를 수 있지만, 아내가 죽기 전 까지는 아내의 사회적 체면을 위하여 나는 그림자를 아내가 항상 안심하고 보이게 하면서 데리고 다녀야 할 것이다.

어느 날, 나는 공포와 불안에 떠는 그림자를 데리고 정신병원에 가서 상담을 해보기로 했다.

의사의 진단에 의하면 그림자의 건강은 별 이상 증세가 보이지 않았다. 빛이 강할 때 그림자는 똑똑하게 보였고 어둠 속에서 그림자는 사라졌다. 그러나 그것은 잠시, 그림자는 화면 속으로 성큼 성큼 걸어 들어가더니 거울에 비춰 보는 것처럼 어두움 속에서 완전한 나의 모습으로 재생되었다. 그리고 화면에 나온 나의 그림자는 아니나 다를까 나와 다른 생각을 늘 이야기 했는데, 그 점이 내 인생에서 그림자를 떼 내고 싶은 제일 큰 이유였다. 훨씬 심각한 문제는 국민들이 내가 말한 것보다 그림자가 화면에 나와 이야기한 내용을 더 신뢰하고 있다는데 있다.

아내가 로마에서 돌아오면 나는 애인에게 받은 비밀 사랑의 묘약을 아내를 위해 사용할 것을 결심했다. 사랑의 묘약이 아내를 취하게 하고 있을 동안, 그림자를 떼 내야 하는 이유에 대하여, 아내의 체면 유지보다는 나의 본성을 보존하기 위하여 반드시 나는 아내를 설득할 것이다.

왕인 박사 축제 때 벚꽃이 만개하는 봄날, 뜻하지 않게 나는 애인으로부터 문자를 받았다. 그러나 나는 문자를 지웠다. 아내가 로마에서 돌아오는 날을 기다리며, 나는 감히 애인으로부터 온 문자를 잠시 무시해 보기로 했다.

우울

나의 주식회사가 실패하지 않은 이유는 바람의 뒤편에서 은밀한 조직이 조용히 움직이기 때문이다.

나는 그림자들을 고용하여 그 조직에 배치하였다. 쌍끌이 그물로 도시를 훑으며 거인巨人들이 무더기 물고기를 잡으며 지나가면, 생쥐처럼 어두운 골목길의 담벼락에 붙어, 나의 그림자들은 이삭을 줍기 위하여 거인을 우상화 해 주고, 그 대가로 남은 시간을 나누어 팔고 사면서, 우리가 생존할 만큼의 금전을 그물에 주워 담는다.

생식기능이 장착된 종자들의 동물적 본능과 자본주의가 함께 모색하고 있는 우리의 신도덕新道德은 공중에 날아가는 새가 잠깐 실례하여 떨어뜨린 오물이 내 대머리에 적중하는 실수와 같다.

대통령이 바뀌면 신도덕도 바뀌어 신신新新 도덕으로 바뀌어 왔다. 수많은 돌팔매를 맞으며 피투성이가 된 한 인간은 거의 결점 없이 완벽하게 보완되고 인고忍苦하여 절대자로 새로 태어날 것이며 자신도 모르게 스스로 신神이 될 수 밖에 없을 것이다.

그러나 그 신은 임시직臨時職 신이다.

임시직 신은 신도덕의 질서를 세우기 위해 수 천 개의 그림자를 골라 갑옷을 갈아 입힐 수 있는 권력을 부여 받는다. 이 실세의 신은 땅 위에 자리를 잡은 자기보다 사실 실권이 덜한 기존 죽은 신들의 경계를 간신히 벗어나지 않은 척 하며, 기존 벌들을 몰아내고 선택된 그림자들을 싸우지 않고도 기존 벌집으로 들어가게 한다. 그림자의 추종자들은 국민을 위하여 자기를 희생하는 척 하지만 실질적으로 임시직 신에게 잠정적으로 복종하거나 나중에 보면 자기의 본체를 희생하게 하거나 노상 근친상간하여 변형된 이상한 그림자들을 주문 생산해 낸다.

그러나 그러한 결과를 뻔히 알면서도 몇 개월도 안 될 수 있는 좌석座席을 향해 불 속으로 뛰어드는 사정使丁들은, 그림자를 위한 본체의 희생일 수 있다.

그림자를 위하여 우리는 희생될 필요가 없다. 그림자를 위해 희생해 왔던 역사는 반성하는 듯 하다가, 어느 날 본능적으로 연어가 강을 찾아 거슬러 오르듯, 임시직 신이 바뀌면 바뀐 임시직 신의 눈치를 보면서 반성의 기색氣色을 바꾼다.

예수나 석가나 마호메트나 공자의 도道도 모자라 조미료 같은 콩가루 정치를 넣어 조미調味한 단, 짠, 신, 쓴 맛의 일회용 신신신新新新 도덕은 고위 임명직 그림자의 인사가 텔레비전에 이름 석자 자막이 오르락 거릴 동안 시청자를 긴장 시킬 수 있다.

그것도 잠깐, 임시신의 마음에 들지 않거나, 겁 없이 뇌물을 받은 것이 강 너머 다른 그림자들에 의해 발각 되거나, 지병이 도졌거나, 사망하거나, 탈세하다 걸려서, 내가 꿈속으로 무전여행을 갔다가 몇 개월 만에 돌아올 동안에, 수많은 고위 관리직은 회전 초밥처럼 빈 접시로 바뀌고, 꼭 다문 입을 열어 임시신의 우상을 무너뜨리고, 그들이 추수철처럼 연금을 지급받게 되는 가을이 되면 우리의 신은 일 년도 안돼서 봄비에 젖어 쓰레기통에 구겨져 버린 일간 신문처럼 버려지기 시작한다.

나의 비즈니스를 배신을 하거나, 선박회사에 근무할 때처럼 치명적 상처를 입혀 나를 쫓겨내는 음모를 주도했던 사이비 예수나, 그와 합세한 광견병에 걸린 개들처럼, 손익에 따라 가차 없이 친구들을 죽이고 이용하고 배신하는 행위를 하는데 있어, 마치 살충제를 뿌려 방안에 들어온 파리떼를 전멸하지 않으면 살충제의 효력에 대하여 의심하는 것처럼, 우리의 신도덕은 양심의 어떤 가책도 없이 그림자의 지위와 입금될 금전을 위해 겨울날 찬물 속 정도는 서슴없이 뛰어드는데 익숙하다. 그러나 불 속에 뛰어 들라 하면 먼저 119에 전화를 걸어 소방차가 오도록 시간을 벌 것이다. 문제는 법이 살아있는 것들에 대하여 심판할 뿐, 죽거나 이미 사라진 것이나 10년이 지난 사건을 재판할 수 없는 한계 때문일 것이다.

아무리 살충제를 독하게 뿌린다 해도, 그림자들을 죽일 수 없다. 인간이나 동물이나 곤충 같은 생명을 가진 본체들은 가슴에 담고 있는 양심과 함께 살충제를 마시고 죽을지 모르겠으나, 그림자를 죽이지는 못한다. 그림자는 절대 죽지 않을 것이며 법은 인간이나 동물이나 곤충 같은 생명을 가진 본체들이 아닌 그림자들을 심판하지만, 유죄가 되면 그림자들은 인간에게 범행을 뒤집어 씌우거나 달아나고 그림자가 없는 본체들만 형무소로 간다.

그림자가 높은 자리에 앉지 않았더라면, 나는 높은 곳에서 떨어지지도, 떨어져 다칠 위험도 없었을 것이다. 공단에 어슬렁거리는 똥개들처럼, 나의 그림자는 다른 그림자들과 몰래 만나 밤새도록 야산으로 몰려다니며, 유흥가에 가서 놀고, 술을 취하도록 마시고, 서슴없이 교미를 하고, 때로는 실수로 임신되어서, 아침이 되면 공장으로 밥을 먹으러 어슬렁거리며 돌아온다. 나는 불어난 새끼들을 길러야 하고 개들이 싸우지 않도록 밥통을 여러 개 준비해야 하며 슈퍼마켓에서 더 많은 먹이를 사다 날라야 할 것이다.

사고思考들은, 얕은 수법의 음모와 배신의 발톱을 숨기며 자살을 결심한 친구를 위로한 척 한 것처럼, 쓸데없이 그림자를 걱정한 척 해야 한다. 그리고 시간을 잰다. 내가 할 수 없는 것을 그림자가 가차 없이 해 내서 내가 오랜만에 통쾌해지도록, 정치 평론가가 후보자를 평론하는 것처럼, 나는 그림자에게 미래를 자세하고 명료하게 차근차근 이야기 해 주어야 한다.

본성本性은 오히려 그림자를 존경할지 모른다. 북한이 터질지 안 터질지도 모르는 오래된 구식무기를 국경으로 이동하면서 공갈을 치면 70대 남쪽 군사 전문가들이 텔레비전에 나와 한결같이 호랑이 같은 호전적 애국지사로 둔갑하여 침을 튀기는 본성은 어디로 튈지 모르는 그림자의 야행夜行에 대하여 매우 궁금해 왔었다. 솔직히 본성은 본체의 대가리 밖으로 나가 그림자의 머리 속으로 들어가고 싶어 할지 모른다. 나와 똑같이 지긋이 나이를 먹은 동갑내기 본성은 그래도 아직 혈기가 조금 남아 있어 만만하지는 않다. 오히려 노련하여 사람이나 미래를 보는 예지력이 생겼고, 그림이나 도자기나 여자나 시를 보는 직관력이 촉수로 자라나 민감하며, 그 동안 많은 인적 교류를 위해 종교적 친화력을 증가해 왔으나, 하느님이나 천국은 믿지 않는다.

봄비가 축축하게 내리는 아직 꽃피지 않은 마른 벚나무 땅

그늘 아래에 누군가 버린 그림자가 비에 젖어 울고 있다. 똑똑한 복종服從의 그림자였음이 틀림없다. 이미 세상의 기회를 잡아 자리를 옮긴 똑똑한 복종은 궁궐에 들어가 새로 제작된 독수리 갑옷과 합체했다. 임시신의 권력 아래에서 기회를 잡은 복종은 상전上殿의 그림자를 대변하고 하늘을 윤회하며 세상을 신출귀몰 왜곡하는 역할을 할 것이다. 땅에서 나는 비리의 냄새를 훈련하고 바위에 발톱을 예리하게 갈아 배신을 예감하여 미리 제거하고 권력에 반발하는 노란 새싹을 미리 싹둑 잘라내는 임무를 수행할 참이다.

버려진 그림자가 혼자 남아 울고 있다. 울음소리 아주 구슬프다. 구슬픈 울음소리 계절을 바꾼다. 복종아 나는 너를 사랑했다 너와 지낸 행복 그 세월 가슴 깊이 묻어 둔 그 비밀 지금 너무 슬프다 슬퍼서 가슴을 저민다. 비가 내린다.

비가 그치자 비에 젖은 복종의 전前그림자는 울음을 그치고 땅속에서 나오면서 개구리로 변했다. 개구리는 많은 알을 작은 웅덩이에 낳았다. 알들이 부화되고 올챙이가 나왔는데, 올챙이가 다 크기 전에 절반은 붕어들에게 잡혀 먹히고 붕어들에게 먹히기 전에 손발이 자란 어린 개구리들은 물 밖으로 뛰어 나오다, 반의 반은 참새들에게 잡혀먹혔다. 그래도 많은 숫자의 자식을 남긴 복종 개구리는 더 이상 아이들이 희생되지 않도록 학교에 자식들을 모아 놓고 안전하게 사는 방법을 교육했다. 특히 뱀에게 먹히지 않도록 특별 훈련을 했는데 그래도 마지막까지 살아남은 숫자가 많아 대를 이어 가는 데는 문제가 없을 듯 했다.

색깔론

나는 정말 순수한 빨간색, 내가 물속에 한 방울 떨어지면 컵은 빨강색으로 변하지. 물든 빨간색은 나의 세계, 나의 천국, 나의 지옥, 내가 그 세계를 지배하지. 빨강 속에 숨쉬는 생물들은 모두 빨갛게 변해서 나에게 복종하고 나를 존경하겠지. 나는 빨강의 신이니까.

나는 자동차도, 옷도, 우산도, 집도 모두 빨간색만 샀다. 선거철이 되면 빨간색 후보를 무조건 찍었고 축구시합 때도 빨간 선수들만 응원했다. 나는 태생이 빨강색 덩어리어서 강이나 바다에서 수영을 하면 온통 세상이 빨강색으로 변했다.

그런데 위장 침입한 색깔 때문에 문제가 발생하기 시작했다.

나는 빨간 사랑을 좋아했다. 사랑의 뒤 배경에는 한 여자가 있었는데, 몸에 색깔을 빨강으로 색칠 한 그녀는 결혼을 한 후에 여러 가지 색깔을 칠해 나와 합체했다. 합체는 주로 어두운 밤에 이루어져서 나는 색을 구별할 수 없었는데, 색을 검증하지 않은 것은 나의 실수였다. 아내는 주홍빛을 낳았다. 아내는 다시 연분홍을 낳았다. 계속해서 다섯 가지 다른 색을 더 생산生産했는데, 이후 그 색깔들은 합쳐져 일곱 빛깔의 무지개가 되었다.

순수한 혈통을 어디에도 찾을 수 없는 나는 황당했다. 그뿐만이 아니었다.

막내 동생이 노랑색이 되어 나를 배신했던 것이다. 노랑색 깃발을 흔들며 동생 놈이 거리로 나와 소리치자 무수한 그림자들이 노랑색 깃발을 흔들며 거리로 햇빛처럼 쏟아져 나왔다.

노랑색은 무엇이든지 내가 하는 일에 반대했다. 같은 슬하에서 어렸을 적에 내가 거의 업고 키운 녀석인데도 불구하고, 노골적으로 나의 단점만 골라 비난했다. 가난한 사람들을 도와줘야 한다고 하면 게을러서 그러니 자립하도록 해야 한다고 반대했고, 싸움을 하지 말자고 하면 시비를 걸어 싸움을 걸었고, 싸움을 하자고 하면 싸워서는 안 된다고 했으며, 골고루 잘 사는 사회를 만들자고 하면, 공산주의라고 매도했다. 나는 합의점을 찾아보려고 내가 정권을 잡으면 너에게 책임제 총리를 주겠다고 해도 그는 세상의 모든 빨강색을 땅속에 묻어 버리고 비석을 세우는 전날

까지는 절대 합의하지 않을 기세였다.

땅 전체가 무슨 색깔의 그림자들로 많이 덮이느냐에 따라, 추종 그림자의 신분과 지위가 하늘과 땅처럼 바뀌지곤 했다. 사람들은 그 그림자 사회를 민주주의라고 불렀다. 빨강 그림자들은 위협을 느꼈다. 그런 와중에 빨강과 노랑이 썩여져 빨간 떡떡이와 노랑 떡떡이도 출산出産 되었는데, 떡떡이의 떡떡이가 시중市中에 판매되면서 그 색깔들도 합쳐져 일곱 빛깔의 무지개가 되었다.

사실, 사업은 저항을 받은 만큼 탄탄해져 갔다. 물론 순수함만 고집하지도 않았다. 색상이 조금 틀리더라도 포토샵으로 처리하고 이데오르기를 수정하거나 사상과 철학을 진화시키거나 적절한 주석을 붙여 포충망처럼 포괄적 조합을 시설하면 달 같은 먼 거리에서 보면 전체적으로 모두 빨강색으로 모두 보일 테니까.

어느 날 비가 주룩 주룩 내리는 날 검정색이 나를 찾아 왔다. 살면서 나는 이처럼 어둡고 두려운 색깔을 여태 본적이 없었다. 자세히 들여다보면 검정색의 검정 안에는 그림자들의 시체들이 난징대학살의 사진처럼 싸여 있었고, 더 자세히 원본原本을 들어다 보면 살아있는 듯한 숨은 얼굴이 희미하게 보였는데, 어떤 검정색은 하느님이라 했고, 어떤 다른 검정색은 관음보살이라 불렀고, 잡다한 다른 검

정색들도 덩달아 귀신 토신 목신 해신 조상신이라고도 불렀으나,

더욱 자세히 보니, 그것들은 물 밖으로 나와 마지막 숨을 고르고 있는 물고기들처럼 아직 가는 숨소리가 남아 있는 죽음 직전의 그림자들이거나 그림자들의 그림자들일 뿐이었다.

검정색은 검정색의 조직을 위하여 자금이 필요하면 검정색 속의 그림자들을 밖으로 끌어내어 사회에 복귀시키는 첨단재생기술을 가지고 있을 뿐만 아니라 천국도 세우고 지옥도 만들면서 이 천년 전에 만든 헌 책을 끈질기게 유행에 따라 겉표지만 바꾸어 재판再版해 팔아 오면서 검정색이 되었다.

나와 노랑과 파랑의 삼원색이 합쳐지면, 모두 검정의 무덤에 매장된다. 아무도 자기 색을 유지 할 수 없음을 경고警告한다. 나와 노랑이 조금 섞여 노랑도 아니고 빨강도 아닌 띡띡이가 되더라도, 파랑색을 피하고 검정이 되지 않아야 할 것이며, 검정색과 조금이라도 섞이면 전염되기 전에 빨리 병원에 가서 치료를 받아야 한다. 그림자를 끌고 어둠 속으로 들어가면 그림자는 검정의 입 속에서 역사처럼 파묻혀 버렸다.

나는 아파트 앞에서 초인종을 누르고 있는, 모니터에 비친 눈만 내놓은 망토를 입은 검정색에게 절대로 문을 열어 주지 않을 것이다. 나의 빨강색과 빨강계통의 틱틱이와 막내 동생에게 까지도, 색의 진리를 즉시 문자로 날려 알려야 한다.

나는 파란색을 의심해 왔다. 정치나 경제에 관여 하지도 않았고 국제 문제에 신경 쓰지도 않았지만 나와 노랑이 북한을 가지고 논쟁을 하고 있을 때도, 파란색은 별로 특별한 내색을 하지 않았다. 산과 바다, 그냥 있는 그대로 퍼지러 있는 파랑은 빨강이 개발을 하면서 산을 허물어도 노랑이 항구를 만들려고 바다를 매립하여 상처가 나고 피를 흘려도 과묵하게 거동조차 하지 않았다.

나는 그런 파랑을 경계警戒했다. 사실 사업 확장에 걸림돌이 파란색이었다. 가만히 있는 파랑을 혼내 주러 갔다가도, 모두 검정이 되어 무덤에 파묻히고 고향으로 돌아오지 않은 적이 한 두 번이 아니었다.

그러나 우리가 무지개로 떠오를 때면 파랑은 항상 함께 있었다. 검정색과 친하게 지낼 것이라고 의심도 했지만, 내가 검정을 두려워하는 것만큼 파랑도 검정을 좋아하지는 않은 것처럼 보였다.

그날 오후 비가 그치고 유달산 벤치의 석양에 오랜만에 해가 쓰다 남은 햇빛으로 비에 젖은 축축한 옷을 말리고 앉아 있을 때, 남쪽 영암호靈岩湖에서 우리는 무지개로 떠 있었다. 그러나 그것은 잠시, 검정이 어둠을 꺼내 덮어 버리자 새들도 모두 집으로 돌아가고 세상은 밤이 되었다.

팔광八光의 무덤

㈜왕인: 백제의 근초고왕 때 학자. 일본의 초청으로 『논어』(論語) 10권, 『천자문』(千字文) 1권을 가지고 일본에 건너가 유풍(儒風)을 천명하였으며, 그 해박한 경서(經書)의 지식으로 하여 신임을 받고 태자(太子)의 스승이 되었다. 이것은 일본의 문화를 깨우치는 중요한 계기가 되었다. 자손은 대대로 그곳에 살면서, 학문에 관한 일을 맡고 일본 조정에 봉사하여 문화 발전에 공헌하였다. 일본의 역사책 『고사기』(古事記)에는 그의 이름을 와니키시라 하였고, 『일본서기』(日本書記)에는 와니(王仁)라고 나와 있다. 우리나라 역사에는 그의 이름이 전혀 보이지 않는다. 전라남도 영암에 그의 석상 및 유적지가 있다.

왕인의 유적지에 꽃이 피면 우리는 축제를 한다. 소형 목선木船으로 현해탄을 건너야만 했던 젊은 왕인의 이야기에 어떠한 눈물이 감추어져 있었는지 우리는 알 필요가 없다. 지방정부는 건축업자와 상담하여 건축물을 해마다 늘리고 사꾸라를 더 심고 누군가가 공사 대금 중의 일부를 횡령하고, 일 년에 한 번씩 인기 가수를 데려와 대중을 끌어모으고 비위생적인 국적 미상의 음식으로 전을 벌리고, 싸구려 잡상인을 불러 모아 우왕을 끌면 그 뿐이다.

홀로 남아 있다 간신히 월출산 밑에서 발견된 왕인의 그림자는 한국 역사학자와 지방정부 덕분에 이제 드디어 신神의 반열班列에 오르게 되었다. 원래 월출산 밑에는 많은 잡신이 우글거리는 곳이다. 나도 한 번 아내에게 끌려와 이곳에서 푸닥거리를 한 적이 있다.

나는 사당에서 정중하게 예를 드리고 왕인의 그림자와 대화를 시도했다. 그는 처음에 말을 아끼려고 한 듯하였으나, 나에게 그림자가 없는 것을 보고 마음의 문을 열었다.

일본이 당시 우리나라의 영토의 일부였다고 확실하게 주장하지 못한다면 왕인은 죽을 고생을 하며 험한 파도를 넘어 일본을 가지 않아도 되었을 것이다. 혹은 오늘도 일본에 도착하지 못한 채 동해 바다를 유랑하고 있어야 한다.

사꾸라를 풍성하게 심어 영암을 마치 일본 영토처럼 꾸미는데 세금을 과다하게 허비하기 위해 노력하고 있는 관료들의 사상思想은, 일본 보수파의 끄나풀도 아닐 것이고 민족주의도 국제통합론주의도 아닌, 무슨 주의主義인지 어떠한 무식소치인지 확인할 수는 없으나,

당시 한반도에는 유식한 지식인들이 우글거려 과잉 지식인들을 상대로 일본이 선생들을 고임금을 주고 헤드헌팅 head hunting해 갔을 리는 없고, 일본에서 사무라이를 보

내 납치해갔을 리도 없을 것이며, 한반도를 지배한 일본이 식민지를 압박하여 강제로 식민지 지식인을 데려다 일본의 고명한 스승으로 추앙했을 것이란 추측은 아무래도 합당하지 않은 것 같다.

왕인의 그림자는 사당에 이사 오기 전까지 천 몇 백 년 동안을 먹을 것을 걸식하며 거지처럼 동굴에서 살아 왔다. 마치 민속촌에서 떡이나 엿을 연출하고 사는 노인들처럼, 지방 관료들의 눈치나 보면서 왕의 궁궐 같이 해마나 늘어나는 쓸데없는 건축물이 건축되는 현실에 대하여 왕인의 그림자는 부담스러워 하면서 오래된 기억을 유추하며 당시의 상황을 나에게 이야기 해 주었다.

백제 황명을 받은 왕인은 월출산 밑에서 떠나갈 작은 배 한 척을 보았다. 섬나라에 사는 무식한 백성을 위해 천자문을 가르치라는 황명은 초등학교 교육 수준의 글쓰기였다. 떠나 갈 배를 바라보고 있을 때, 그는 문득 바다의 풍랑이 두려웠다.

적어도 이십여 일을 항해해야 제일 가까운 기모노세끼까지 도착할 수 있다. 몇 차례 앞서 보낸 선생들은 풍랑에 배가 난파되어 쓰시마에 도착하기도 전에 남해 바다에서 실종되었거나 아예 바다를 건너지도 못하고 행정력이 미치지 않은 어느 남해의 섬에 잠적하여 숨어 살았을 수도 있다.

황명에 불복종하여 사돈네 팔촌까지 척살 당하지 않도록 부모와 형제들은 왕인을 설득했을 것이고 왕인은 살신성인 정신으로 바다를 건너 일본으로 갈 각오를 했을 것이 틀림없다. 그 각오는 예수가 십자가를 짊어질 때 스스로 자기 그림자를 떼어 낼 수 있었던 것처럼 왕인도 일본으로 출발하면서 월출산 밑에 자기 그림자를 떼어 놓고 출항했을 것이다. 출항 일은 곧 제삿날로 기억될 수도 있을 것이고, 최후의 만찬처럼 가족들은 모두 모여 며칠 동안 출항을 위해 생사生死의 제祭를 지냈을 것이다.

무리한 추측일수도 있다. 그러나 역사가들은 이러한 무리한 추측을 인정하고 왕인의 출항을 허락해야 했다. 관료들도 이러한 무리한 추측을 인정하기 싫다면 국민의 세금을 맹목적으로 과다하게 유적지에 투입하지 말았어야 했다.

왕인은 무사히 일본으로 건너갔다. 『고사기』(古事記)와 『일본서기』(日本書記)를 누비며 일본에서 그는 대단한 업적을 이루었다. 미국이 영국에서 분리 독립한 것처럼 일본은 한국의 본국이 허술한 틈을 타서 국가로서 무혈 독립을 했다. 일본이 임진왜란을 일으켜 한반도를 유린했고, 36년 동안 식민지로 지배했던 근본적인 저력이 왕인의 대단한 업적으로부터 내공이 쌓였다면,

대代를 이어 군수들이 왕인의 그림자에게 이토록 거창한

거처를 마련해 주어야 하는 이유는 무엇인가. 우리 중의 냉정한 누군가가 우연히 일본에서 왕인을 만나 영암월출산 밑까지 찾아 와서 왕인이 은거했던 동굴을 간신히 찾게 되었다 하자. 그래서, 사당에 모신 국산國産그림자는 일제日製그림자와 합체合體 되거나 동성애자로서 앞으로 사이좋게 동거할 수 있도록 양국兩國은 합의할 수 있는가? 북한은 못살고 골치 아프게 하니까 남북통일은 다음으로 미뤄 놓고, 우선 일본과 사이 좋게 지내보려는 상상은 음모일까?

우리의 정통 역사학자와 그의 똘마니들은 일본의 눈치를 보면서 아무런 무슨 결론도 내리지 않을 것이다. 왕인 박사의 유적지에 내년에도 더 투자를 하기 위하여 유능한 공무원은 내년 예산을 중앙정부에 요청 할 것이고, 왕인 박사가 한국에서 화려하게 부활하는 것을 보고 일본은 내년에도 한반도 침략의 정당성을 교과서에 싣거나 독도가 일본 땅이라고 우겨도 무방해 진다.

생각을 바꾸어야 한다. 본처와 후처의 관계처럼 국산國産그림자와 일제日製그림자는 사이가 그렇게 좋아 보이지는 않는다. 마음이 편하려면 각자 다른 집에서 따로 사는 편이 좋다.

자기에게 분에 넘치는 큰집을 해마다 공짜로 늘려 왕인의 국산國産그림자는 부담스러워 하고 있지만, 월출산에 거주

하는 모든 잡신들을 모아 한 집에서 살도록 준비하는, 죽은 자를 위한 국가 복지정책은 월출공산명월月出公山明月,

그곳을 지금 팔광八光의 무덤으로 만들려 한다.

그림자 찾기 I

펜이 칼보다 더 강하다는 말은 옛말, 지금은 펜이나 칼보다 돈이 더 강한 시대이다. 돈만 있으면 펜도 백화점 메이커 옷처럼 장르별로 살 수 있고, 칼도 돈만 있으면 야마구찌파뿐만 아니라 외국용병까지 얼마든지 고용할 수 있다. 상식적인 이야기다. 그렇다고 돈이 많으면 행복하다는 것은 아니다.

돈이 없으면 행복하다는 것은 더욱 아니다. 노래가 상징과 은유를 버리고 웃통을 벋고 무대로 뛰어 나온 이유처럼, 국가 지명직 고위 관리가 임명되기 위해서는 반드시 항문이나 생식기 같은 치부를 철저하게 검사해 보도를 통해 칼라 텔레비전에 자세히 비쳐져야 하는 것처럼, 일제시대의 지식인들이 핏속까지 일본인이 되기 위하여 창씨개명을 한 것처럼, 진급을 하기 위하여 상사에게 배를 갈라 간과 쓸개를 기꺼이 바치는 것처럼, 사랑이 섹스나 서정시가 되고 마는 것처럼,

거리로 나온 우리는 투명 인간이 되고 있다. 투명인간은

그림자가 없다. 정치적 화장품은 바르기만 하면 살을 투명하게 하여 아름다워 질 수 있다고 미녀들을 사용해 선전하지만, 먹은 음식이 창자로 흘러 똥이 되는 과정이 보이고 뼈가 보이고 핏줄이 훤히 보이게 되므로 아무래도 흉하게 보여, 그 정책은 해보나 마나 실패할 것이다.

그래서 주인을 잃은 그림자들은 고민을 한다. 장례식장 광고가 암살 위협처럼 쏟아져 나오고 암보험이 바겐세일처럼 한참 잘 팔리고 있을 때, 투명인간들은 오히려 세상이 무서워 음지에서 움츠리고,

그림자들만 모여 청와대 지하 벙커 같은 창고에서 날마다 긴급회의를 한다. 민주주의와 공산주의, 자본주의와 사회주의, 좋은 놈과 나쁜 놈, 보수와 바보, 남과 북, 젊은이와 늙은이, 검은색과 흰색, 불교와 기독교 같은 빈 밥그릇들을 원탁에 줄줄이 올려놓고 열심히 요리를 하는 것 같지만, 탁자를 오고 가는 빈 말들은 그릇들 안에 쌓이다가 구정물로 변할 뿐,

사실상 셀 수 없는 그릇들 안에는 아무것도 채워지지 않는다. 노련한 행정가의 메뉴얼에는 투명 인간들이 음지에서 돌아와 구정물을 마시고 빈 그릇을 탁자에 올려놓은 다음, 음지로 다시 돌아간다고 쓰여 있을지 모르지만, 정책이 아니라 화장품이 아니라 정치가 아니라 장례식이 아니라,

스스로 자각 하고 밑으로 강과 만나 흐르다 보면 바다가 보일 것이고, 민주주의와 공산주의와 자본주의와 사회주의가 합해져 민족주의가 되고, 나쁜 놈이 좋은 놈이 되고, 보수와 진보가 중도가 되고, 남과 북이 합쳐지고, 젊은이가 늙은이가 되고, 검은색이 흰색과 합쳐져 중후한 색으로 변하고, 그러한 언어와 낱말의 관념이 증기처럼 공중에 떠오르다 부서져서 투명한 공기 방울이 되는 탁자 위에는 큰 그릇은 한 개면 되고,

그 그릇 안에 모든 것을 한꺼번에 쓸어 담으면 될 일이다. 그림자는 나를 위하여 존재하는 것이 아니라, 이유 없이 옆에 존재하는 것이다.

인간이 무거운 숙제를 삶에 싣고 비탈진 고개를 올라간다 해도 그림자는 수레를 밀어 주지 않는다. 내가 투명인간으로 돌아와 내 그림자를 찾으려 해도, 거리에서 잃어버린 유아처럼 그림자는 스스로 나에게 돌아오지 않는다. 그림자는 유괴되거나 살해되거나 다른 사람들에게 달라붙어 있을 수도 있고, 지능이 발달하여 아예 집을 버리고 산천으로 나가 야생의 고양이들처럼 독립된 인격이 되어 오히려,

우리를 지배하기 위하여 돌아 왔다. 누구나 다 그렇겠지만 나는 그림자를 사랑한 적이 없다. 목걸이나 금반지를 사서

줘 본적도 없고 장미꽃 다발을 가져다 그림자의 품에 안겨 준 적도 없다. 단지 무슨 특별한 인연도 없고, 뭔지 원한도 없지만, 나는 그림자를 떼 내버리기 위하여 숨 가쁘게 빨리 여기까지 달려 왔다. 장자는 그늘에 들어가면 그림자를 뗄 수 있다고 가르쳐 주었지만 몇 천 년이 지난 지금,

고도로 진화된 그림자들은 모든 화면을 누비고 면역되어 어두움 속에 죽기는커녕, 어두움 속에서 칼라로 더욱 잘 보이게 되었다. 그 동안 나도 진화하여 투명 인간이 되는 기술을 보유했지만, 그렇다고 세금을 감면 받거나, 교통 위반으로 벌금을 내지 않은 적이 있거나, 밥을 안 먹어도 배가 안 고프거나, 병에 안 걸리거나, 날마다 삶의 수레를 끌지 않은 적도 없다.

그림자는 확실히 공적 자금과 권력을 지배했다. 공공이라는 이름의 모든 네트워크는 그림자며, 애국자라든가, 보수주의자, 진보주의자, 대통령, 장관, 국장, 장군, 회장, 사장 같은 그림자들은 사람들에게 붙여진 이름이 아니라 현대 사회의 그림자들에게 붙여진 단순한 별칭이라는 것을 내가 문득 알게 되었을 때,

그림자가 없는 나는 갑자기 투명인간으로 둔갑하게 된 것이다. 그림자는 잘 놀지 못해서 재미없는 나를 찾아오지 않을 것이며, 나 또한 그림자 찾기를 포기할 것이다. 만

약 나의 그림자가 대통령이나 장관이나 들고양이로 돌아와 아파트 벨을 누른다면, 나는 놀라 당장 고층 아파트에서 뛰어 내릴 것이 분명하다. 그림자 없는 나, 투명인간은 군사력을 미국에 의존하는 것처럼, 침울한 시간 속에 홀로 안정적 은둔을 원한다.

그림자 찾기 II

북쪽 멀리서부터 모래폭풍이 도시를 덮치고 있었다. 모스크엔가 교회엔가 혹은 어느 산 깊은 절에 홀로 아무렇게나 버려져 있을지 모른 그림자, 아니면 홀로 깨어있어야 하는 밤 쿠웨이트 호텔에서 내려다보이는 빈 거리를 어슬렁거리거나, 방금 호텔 방에서 문자로 안부를 교신한 아내의 비밀스런 뒷거래에 어디론가 짐작되는 다른 시장으로 팔려갔을 수 있는 그림자, 그랬어도 아내에게 사랑한다는 문자를 보냈어야 했는데, 결국 나는 문자를 보내지 못했다.

어느 날 회사에서 부하가 일러주길 땅 끝 마을 선착장에 내 그림자가 매여 있는 것을 보았으니 얼른 가보라고 했다. 나는 차를 몰아 바로 땅 끝 마을로 달려갔다. 아무도 없는 선착장 돌 위에 밧줄로 묶여 있는 그림자 하나가 보였다. 다가가자 꼬리를 흔들며 먼저 그림자가 나를 아는 체 하는 듯 했다.

마침 한 척의 도선이 부두에 도착해 있었는데 선장이 나 있는 곳으로 다가 와 차분하게 나에게 물었다.

그대는 누구인가?

화가 나서 나는 바로 선장에게 큰소리로 호통을 쳐 댔다. 그림자가 왜 여기까지 와서 목줄을 매고 잡혀 와야 했는지, 집도 아닌 바닷가 선창에서 풍랑을 겪으며 어떻게 이렇게 인권 문제를 무시 하면서 노숙을 시키고 있는지, 나의 그림자가 나에게 얼마나 중요한 존재인지, 처음 보는 그림자 도적놈이 빨리 나를 이해 할 수 있도록 그림자와 나와의 과거를 하나하나 열나게 설명해 주었다.

그러나 그림자가 왜 나로부터 떨어져 나가야 했는지에 대해서는 체면 때문에 설명에서 뺐다. 고승처럼 고고하게 살기를 포기한 이유도 차마 설명할 수는 없었다. 지하철에서 깜박하고 가방을 두고 내린 것처럼, 단지 나의 것에 대한 소유물 분실에 대하여, 삼국사기에서 어떠한 분실된 역사가 있었는가에 대하여 꼬집는 것처럼 개 거품을 물고 소리를 질러댔다.

선창에서 내 악다구니를 들으며 선장은 난감해 했다. 인내심을 가지고 말을 끝까지 다들은 선장은 나에게 물었다.

당신의 그림자는 수놈이요 암놈이요?
당연히 수놈이죠.

선장은 말했다.
이 그림자는 암놈입니다.

나는 재빨리 나의 고추를 햇빛 반대 방향으로 비추어 그림자에 맞추어 보려 했으나, 아차 그때 나는 내가 틀렸음을 알았다.

죽음이 등을 툭 치며 씽끗 웃는다. 나는 그날 죽음과 싸우지 않았다. 죽음이 그림자를 찾아 줄 수도 있다는 일말의 기대 때문에 이제부터 나는 죽음과 이제 더 이상 다투지 않기로 했다. 미망의 껍질이 한 차례씩 벗겨질 때마다 언젠가 어느 날 죽음이 닝겔 주사바늘을 내 팔뚝에 꽂는 최후의 시간이 점점 가까이 오고 있음을 느낄 것이다.

값비싼 대가를 지급하고 훈련하고 교육되면서 그림자를 버렸던 이유가 고상한 영혼으로 남아 죽음과 만나지 않고 영생하기 위해서였다면, 지금 마음을 바꾸어 내 그림자를 다시 찾으려는 나의 속셈은 본능적 목표 외에 또 다른 의미가 있는 것일까?

사랑은 없어졌다 하더라도 조금은 그리움이 남아 있기 때문은 아닐까? 내가 일부러 하당 바닷가 방파제 거리를 지나가면 커피숍에 앉아 고개를 돌리며 그림자는 나를 외면하고 있을지도 몰라. 사랑이라는 말을 잃어버린 묵시적 건축물의 고층에서 지독한 고독이 관조해야만 하는 돌아갈

곳 없는 허무, 목포 앞바다 저문 해가 문득 생각났다.

그리고 나는 몇 번이고 오랫동안 사용하지 않은 헤어진 애인의 전화번호에 손가락을 서성거린다. 내일이면 국경을 넘을 것이다. 사막의 모래 바람이 쿠웨이트를 덮기 전에 나는 전화를 걸어야 할지 말지 결정할 할 것이다. 돌아가 영산강 하구 수변 공원을 헤매며 갈대숲을 뒤져야 할지, 아니면 국경을 넘어 아라비아 사막으로 건너가서 그림자의 행방을 처음부터 다시 찾아야 할지 지금 결정해야 할 시간이다.

쿠웨이트의 밤은 깊어 간다. 멀리 걸프만 바다로 초승달이 먼바다의 적막감 속에 나를 파묻어 버린다.

자유는 건축물 속에 감금된다. 이름은 무덤 속에 감금되고 의사와는 관계없이 죽음은 삶의 무장을 해제 시킨다. 가장 불쌍한 놈이 저기 있다. 손을 가리키지 않아도 네가 알고 있는 행정 구역에서 결코 나오지 않은 불쌍한 놈은 거짓말을 꾸며 대거나 거대한 힘을 사칭하여 살아있는 희망들을 제압하려고 한다. 그리고 입을 틀어 막는다. 권력 구조 속에 나의 그림자가 있다면 아내처럼 그림자도 나를 무시할 것이다.

나이가 들면 우리의 품질은 유행가처럼 더 이상 빨리 격상

되지도 않는다. 내가 존재하는 장소를 그림자가 잘 알면서도 그림자는 나를 결코 찾지 않을 것이다. 무덤에 들어갈 시간이 가까워지고 있으므로 더욱이 돌아오지 않을 것을 안다. 그러나 팔뚝에 링겔 주사기가 꽂이기 전에 어머니가 병상에서 나를 그리워했었을 것처럼 그림자를 그리워할 지라도, 병원 침상에 눕혀지면 장례식 절차나 장지에 대한 이야기만 내 귀에 들릴 뿐 나는 이미 존재하지 않는다.

남북한이 통일되었다거나 쿠데타를 일으켜 혁명에 성공하였다든가 금메달을 땄다던가 톱스타가 되어 텔레비전에 자주 나와 김이 모락모락 나는 푸짐한 권력을 잡았다는 소문이 들리면 그림자는 삼청교육대에서나 요덕수용소 같은 데에서 인간들을 사육하다가도 당장 내 옆에 와 나에게 아첨할지도 모른다.

장모님이 상태가 심각하다는 아내의 말을 자주 듣고도 부산에 가서 병상을 둘러보지 못한 채, 사막의 국경을 넘고 있을 때, 나는 장모의 부고를 문자로 받았다. 왜곡된 식민사관을 바로 잡아야 한다고 내가 직장 동료들에게 열심히 설명하는 동안, 우리는 출입금지된 사막지대로 들어섰고, 검은 사막의 돌풍이 앞을 볼 수 없도록 시야를 가리고 있을 때, 바람의 뒤편에서 아내는 혼자 초상을 치르고 있는 것이다. 그렇다고 역사를 부정하자는 것은 아니다.

사회적 승자로 구분되는 사나이는 조직적으로나 금전적

으로 우월한 예수나 석가를 질투한다. 그래도 명품의 장자 표에 아이디어를 접목하여, 세력을 구축하고 백성을 모아 왕이 되기를 꿈꾸던 사나이는 어느 날 사나이와 왕 사이에는 건널 수 없는 깊은 계곡 하나가 있음을 깨닫고 절망한다. 그렇다. 나는 일상적으로 절망한다. 살육 당해야 하는 무수한 백성들 틈바구니에서, 살기 위하여 비굴해지는 동물적 본능 속에서, 살기 위하여 몸부림치는 최후의 용기 속에서 나는 절망한다.

왕은 물론 절망 속의 사나이를 경계해야 한다. 신이 되기 위하여 왕은 노력해 왔지만 만약 밤중에 사나이가 몰래 잠입하여 왕의 목을 친다면 왕의 시대는 단숨에 끝날 수 있다. 살기 위해 비굴해지는 동물적 본능은 갈등과 불신 사이에서 없는 것도 신처럼 숭배해야 한다.

사나이는 왕보다는 "주의"라는 이름을 가진 그림자들을 경계해야 한다. 그림자가 없어야 나라는 스스로의 존재를 있게 한다. 밤이 깊어 갈수록 나는 여기까지 수긍한다. 그림자가 없는 나는 조립 완성된 것처럼 보이나, 밤이 깊어 갈수록 나는 철저히 분해되어 버린다. 왕은 우선 그림자가 필요하다. 내가 만든 세계에서 그저 평범한 사나이로 살 수 없다면 나는 왕이나 독재자가 되려는 꿈을 꾸고 있는 것은 아닐까?

그림자의 의견은 무엇일까?

광주, 상식을 심각하게 위반한 기이한 문장

내가 외출 할 때면 아내는 구겨진 그림자를 잘 다리미질하여 나에게 입힌다. 거리로 나오자 과거의 시간에서 풀려난 까마귀 떼가 역사의 한 페이지를 덮으며 도시 건물 목상으로 일제히 날아오른다. 죽어 사라진 것 보다는 살아있는 것이 더 신비하다.

충장로에 봄비가 내린다. 어디선가 본 듯한 그 시절 얼굴들이 거리 곳곳에 보인다. 시간을 꺾어 황금동으로 들어서면 잃어버린 아이들은 다시 태어나 어느덧 거리거리를 가득 메운다. 살아남은 민주주의가 죽은 자의 환심을 사려고 애써 생소한 미소를 잃지 않은 채 쇼윈도우에 잘 진열되어 있다. 선거철이 되니 꽁치 병치 밴댕이 모든 잡어들이 정치에 입문하려고 먼 바다에서 지금쯤 평화광장 앞으로 모여들고 있겠구나. 그러나 선악의 시비를 계산하는 끝없는 엑셀 도처에는 음양의 귀기가 충만하다.

나라를 구할 깊은 고뇌 속에 내가 참으로 고독해 있을 때

주위의 모든 동료와 부하들은 나를 에워싸고 긴장된 눈으로 손가락 하나하나 미세한 동작까지 나를 읽고 있었다.

그날 나는 거리에 정치적인 목소리를 없애는 소음 기술이 탁월한 군대를 긴급 파견했었다. 나의 새끼손가락 하나로 풀잎들의 주체성을 주장하는 말과 행동에 신속한 말살 조치가 이루어지도록 나는 은밀히 북풍을 불렀다. 광주는 황당했겠으나 먼저 전국 모든 저수지의 수로를 막아 놨으므로 어떤 잡음도 세상 밖으로 노출되지 않았다.

지하에서는 시장에서 돈으로 거래 되지 않은 문장들이 매일 시끄럽게 헛수고 하고 있다는 보고를 들었으나 그것들이 뭉쳐 갑자기 지뢰처럼 도로 위로 깃발을 흔들고 폭발하기 전에 공산주의 국가에 보낼 원조 물자 포대에 넣어 곡물 대신 부두의 보세 창고에 적재하여 두었다. 동맹국은 확실하게 나를 존중해 주었다. 국가의 고명한 어른과 고급 관리들은 자진하여 나에게 충성을 맹세하여 왔다.

그 날 이후 아무도 모르게 나는 광주에서 살아 왔다. 하수구를 통해 천변로로 흘러 나가는 똥물이 오랫동안 도시의 피 냄새를 씻어 내자 사람들은 일상 속으로 돌아 온 듯 보였다. 당시 철저하게 두들겨 맞은 광주는 피해 보상금을 받았고 그 돈으로 시작한 피해 보상 사업은 모두 성공하였지만 기술의 공력을 가치 하락 시켰다.

나와 나의 동료들은 당시 신을 믿지 않거나 신에 대한 개념이 없거나 여러 신을 믿었다. 우리는 시인들이 기거하던 빈 지하방을 더 깊게 파서 대형 지하금고를 만들었고 한탕하여 만든 돈을 교묘하게 그곳에 숨겼다. 막대한 자금으로 우리는 독립투사처럼 사회주의에 물든 부조리한 세금을 탈세하였고 민주국가의 부활을 꿈꾸면서 자본주의의 꽃인 고리대금업을 하면서 일하지 않으면 그날의 생계도 잇지 못하는 노동을 보면서 옆에서 웃고 있었다.

내가 죽은 영혼을 부르면 아직도 광주 거리 곳곳에서는 귀신들이 울며 나온다. 광주의 해방을 통해 새로운 삶을 얻었다고 사람들에게 열심히 선전해 왔던 당국은 세월에 따라 변심하였고 최근에는 승부를 늘 상 조작하며 행복을 쇄뇌한다.

나는 의심한다. 폐쇄적인 가치관과 고명하지 않은 본성의 개입식 문화로 성형한 광주사회에 일어났던 책망과 고소가 갑자기 속임수를 써서 기만했던 작전에서 벗어나 착해질 수 있을까? 다음에 누가 싹쓸이가 필요하다면 당연히 광주를 다시 선택하지 않을까? 늑대가 밖에서 미친 듯이 울부짖을 때 가장 안전한 방법은 그들을 따라서 울부짖는 것이다. 기형적으로 발전한 이기심이 강할수록 생존의 기회는 커져 왔음을 그대들도 잘 알고 있지 않는가.

나는 요사이 거리 곳곳에서 유행가 가락에 숨어 허풍을 치며 자기 부귀를 위해서라면 무엇이든지 하는 똘마니들을 본다. 위대한 나의 혁명 이 후 나는 학교를 많이 열었다. 그리하여 국민의 정신적 고양을 신의 대열에 올려 이상적 사회를 실현하려고 했으나 오히려 작금에 보니 정신문명수준은 저하 된 듯하다.

당국에서 일하는 자들의 급여를 사기업 보다 더 많이 분배하면 부정부패를 하지 않을 것으로 생각했다. 그러나 책임을 지지 않도록 길들어진 시대를 담당한 자들은 정치적 상사의 지략에 현혹되어 높아진 급여를 신처럼 섬기며 도리에 맞지 않은 일을 교활하게 처리하고 있다.

그대들이여 운명을 배운다고 재난을 피할 수 있다고 보는가.
비가 그치고 바람이 분다.

바람이 분다.
더 오랫동안 광주에서 살아야겠다.

겨울밤의 요상한 시론

대통령이 죽거나 직무 기간이 끝나 청와대에서 나올 때, 기업이 파산하거나 오랫동안 근무했던 직장을 그만 두게 되거나, 태풍이 와서 항구와 배와 집과 도로를 뒤집고 사라져 버리거나, 화산이나 지진이 세상을 엉망으로 뭉개버린 후나, 갑자기 연평도에 폭탄이 날아와 마을이 파괴되거나, 죽음을 앞둔 어머니가 어느 순간 머리가 맑아져서 모아 둔 용돈을 다시 챙길 때,

나는 거기서 시대의 전환점을 본다. 국거리로 야채 같은 언어들을 잘게 썰 때는 활어 살덩어리를 곱게 썰 때처럼 그리 날카로운 칼은 필요 없다. 그때 전환점은 머리 보다는 가슴으로 행동했다.

슬플 때는 크게 소리 내어 울고 기쁠 때는 웃음소리가 나며, 감탄할 때면 탄식과 자기도 모르게 감탄사가 나오고, 색욕이 충만하였을 때 내는 신음소리 같은 원색적 목소리를 허공에 띄울 뿐,

전환점은 울긋불긋한 꽂꽂이를 만들어 사람들이 많은 백화점 입구 같은 곳에 진열되지 않았다. 그러므로 머리를 깎고 절에 들어 가 오래도록 수도하던 전환점은 전환시대로 저벅저벅 걸어 들어와서 스스로 파괴되기 시작했다. 그 전환점은 무덤을 파서 죽은 자를 묻거나 산 자를 위하여 텐트 같은 임시거처를 준비하여 비바람을 막는 노동에만 열중할 뿐,

말하는 것을 듣기만 하면서 물어보아도 답을 하지 않았다. 어떤 사람들은 일제시대부터 한반도 통일시대까지를 전환시대로 보고 있는 자도 있고 어떤 사람들은 군부 독재가 끝나 민간정부로 이양되는 시점을 이야기하는 자도 있고, 시대를 잘못 읽다가 희생된 자도 있었고, 시대를 바꾸어 보려고 쿠데타를 일으킨 사람들도 있었고, 그들에게 억울한 누명을 쓰고 희생된 자도 있었고, 그들과 힘을 합해 권력과 비리를 공유하는 자들도 있어 왔고, 아직도 보수와 진보라는 어눌한 편을 짜서 민주주의를 운영하는 정권도 있으며,

북쪽에서는 김씨가 정권을 세습하며 아직도 왕권을 유지하고 있지만, 많은 인민들은 배가 고파서 목숨을 걸고 남쪽으로 내려오고 있다. 배고픔은 왕의 지위보다 비천하지만 배고픔이 존경하는 것은 왕이 아니라 밥이다. 배고픔의 결론은 죽음이다. 죽은 자에게 사상과 법과 제도를 적용할 수는 없다.

우선 식량부터 충분히 빌려서라도 우선 배불리 먹여야 한다. 여기에 무슨 질문과 대답과 자존심과 진실이 필요한가?

남쪽의 사람들이 점심을 먹고 식곤증에 잠시 졸아 북쪽 배고픈 사람들에게 냉담하는 동안, 나의 아들이 살인하는 방법을 배우기 위해 총을 다루는 기술을 꾸준히 익혀야 하는 시대는 빨리 끝나지 않을 것이다. 아무리 내가 형용사나 부사를 현금처럼 헤프게 쓰지 않으려고 해도 동사의 정강이뼈를 일부러 부러뜨려 절름발이로 만들고 목적어를 어두운 방에 감금하고 옷을 벗겨 친구들과 함께 윤간하며 사진을 찍어 인터넷에 올려 놓는다 할지라도 국회가 날마다 새로운 법들을 만들어 시대의 논리를 무죄로 만들므로,

시대는 절대 영창에 구속되지 않는다. 학교는 학생들을 모아 야수의 본성을 교육하여 싸워서 이기는 방법을, 남을 죽이고 내가 살아남는 방법을, 등급을 매겨 출하하는 고기덩어리처럼 지울 수 없는 등급의 기록을 전과처럼 사망 전까지 학교 그곳에 남기거나,

주어와 술어는 절대로 가르치지 않는다. 현찰을 주고 사는 것이 아니라 공짜이므로, 무엇을 가르치든 간에, 선생들은 영리하게 머리를 굴려 항상 변명을 준비하고 부모들도 대놓고 불평은 못하지만,

아이들이 장차 커서 주어를 찾다 보면, 자기 주어가 아닌

다른 자의 주어와 헷갈려, 국가의 간신이나 망신이 되든지 범죄자로 교도소에 가기도 하고, 결국 술어를 찾지 못해 어디에 점을 찍어야 할지 몰라, 이혼도 많이 하지만, 호모나 레즈비언이 된다든지, 당을 이곳저곳 옮겨 다닌다든지, 쿠데타를 하든지, 뇌물을 수뢰하든지, 사기 논문을 조작하여 국가 연구비를 도둑질하기도 한다.

그래서 전환시대에서 나는 나를 즉시 해체해 버렸다. 몸통을 머리 팔 다리로 구분하여 크게 잘라 뼈와 살을 바르고 몸통은 갈비 등뼈 창자로 구분하여 토막을 내었다. 피는 하수구로 흘려보냈다. 그렇게 해체된 문장은 아무에게도 구속될 필요가 없어졌다. 시어를 고르기 위해 며칠 밤을 고민할 필요도 없어졌고, 운문과 산문과 수학적 공식이나 물리학이나 법이나 여러 주의들과 철학들과 종교들과 계절과 나이들과 우주와 지구가 한꺼번에 모여 거울 속으로 들어가고 그 거울은 항상 과거와 현실과 미래를 밤하늘의 별처럼 질서 있게 보여 주었다.

나를 해체하자 그 동안 안가에서 고문을 받거나 형무소에 구속되어 있었거나, 바슬라의 신드바드 집에서 망명하고 있었거나, 뇌암으로 병원에서 치료 받고 있던 나의 모든 언어들이 바로 석방되거나 퇴원하거나 귀국하여 세상의 문을 열고 밖으로 나왔다.

밖에는 눈이 내리고 있었다.

절대 죽지 않는 법

시계가 부서져 버렸으므로
나는 모든 시간으로부터 해방되었다.

2장

시인이 죽은 사회

그림자놀이

1. 세상에 복귀하다.

청동 시대의 칼을 차고 그림자들이 과거로부터 돌아 왔다.

당시부터 엉성한 풀 더미에 가려져 과거의 페이지의 흙 속에 조용히 누워 있었던 그림자들은 어느 날 바지에 흙먼지를 털고 세상 밖으로 나왔다.

그들은 우선 자기 주인을 찾아 나섰다.

그림자들은 서울 지하역에서 노숙하고 있는 예수를 금방 찾았고, 패전으로 기름을 빼앗기고 바슬라의 거리에서 차창 안으로 손을 벌리는 마호메트를 보았고, 식당과 상점을 돌아다니며 동냥하는 석가는 성남 어느 식당 앞에서 자주 스쳐 지나갔다.

그토록 자기들을 떼어내 버리려고 냉정했던 남편들이 거리에서 거지처럼 그렇게 살고 있는 것을 본 그림자들은 옛 주인을 일절 모른 척 하기로 했다.

2. 피리소리

주인을 따라 그림자 떼기를 배우기 위해 많은 군중들이 강산江山에 모였던 당시, 군중들 앞에서 그림자들은 주인에게서 도려내어져 어두운 동굴 무덤에 산채로 매장되었었다.

그런데 돌아와 보니 사람들이 자기 그림자를 데리고 옛날과 똑같이 살고 있음을 보고 그림자들은 아주 의아스러워했다. 당시의 분위기는 인간들이 성인聖人들에게 그림자를 떼는 방법을 배우려고 무진 애를 쓰고 있었고, 그래서 모든 사람들은 그 동안 그림자를 떼 왔을 것이고, 향후 아예 유전적으로 그림자 없는 자손을 낳게 되는 인간 사회가 될 것이라고 모두 믿었었다.

두 개 이상의 자아自我를 인정 할 수 없었던 주인들은 신성과 인간과 동물과 그림자를 분류하는 작업에 열중한 나머지, 결국 자기 그림자들만 희생시키는 광경을 군중에게 보여 주었다. 온갖 누명을 다 뒤집어 쓴 그림자들이 포승 줄에 묶여 어두운 무덤 속으로 들어 갈 때,

주인들은 바위에 앉아 외면한 채 지긋이 눈을 감고 하늘의 피리 소리만 들으려고 애썼다.

3. 신성神性을 위하여

자기들이 왜 이런 희생을 해야 했는지 그림자들은 억울했다.

주인어른에게 끼니 때 마다 밥을 달라고 조르거나 밀린 급여를 지급하라고 데모를 하거나 주인의 생각을 먼저 넘겨 집고 빨리 행동한 적도 없었다.

주인이 자기들을 떼내야 하는 구차스런 이유가 있다면,

주인의 동물적인 요소, 즉, 누구를 어처구니없이 좋아하는 취향을 노출 하거나, 누구를 뱀처럼 본능적으로 싫어하는 모습을 그림자들에게 들키고, 자금 창고의 비밀 열쇠의 장소를 알고 있다거나, 게걸스럽게 먹고, 엉덩이를 까고 똥을 싸거나, 애정 행위를 해야 하는 동물과 같은 특성을 자기 그림자가 목격해 왔으므로,

하느님처럼 투명해져서 신神이 되고자 하는 자기의 신성神性에 작은 상처를 입힌다고 생각하고 그랬을 수도 있다.

그렇다면 주인들의 생각은 쪼잔하다.

그림자들은 주인의 잡념雜念이 정자晶子처럼 흘러 들어가 다른 사물의 생각의 자궁들 속에서 출생하게 되고, 수다도 떨지 않고 있다가도 발자국 소리도 없이 사라져 있다가, 주인을 따라 태양 아래에서 말 없이 묵묵히 외출할 뿐이다.

명상의 수심 깊이 들어가지 않으면 주인들도 찾을 수 없도록 그림자들은 꼭꼭 숨어 숨죽이며 살아 왔다.

4. 역사와 그림자

그러나 몇몇 성인들의 그림자들만 떨어져 나갔을 뿐, 대부분의 그림자들은 주인들이 죽은 후에도 대를 이어 다른 사람들에게 달라붙어 살아왔었다.

군중들 앞에서 다시는 치욕적으로 생매장 되지 않기 위하여 그림자들도 열심히 공부하고, 스스로 연구하고, 인간보다 오랜 수명으로 진화되면서, 모든 방면에 연륜과 고명을 쌓아 지금까지 세상의 역사를 주관하게 되었다.

인간들과 동등하게 지능이 진화된 그림자들은 성당과 교회와 절과 갠지스강과 국가와 자본주의와 공산주의와 민주주의와 사회주의와 법과 제도를 만들어 왔었고 주기적으로 전쟁을 일으키게 하여 인간들을 모함하여 대량 학살도 서슴지 않았다.

인간들이 차마 인간들을 살육할 수는 없었을 것이다. 지능이 발달한 그림자들이 잠든 틈을 타 문을 열고 밖으로 나와 어둠 속이나 바람 속에 모여 협잡하고, 결국 인간이 만들 수 없는 정치제도를 모의하여 인간들을 선동하고 전쟁과 살육의 역사를 만들어 왔다.

역사책에 기록된 참혹한 과거는 그림자들의 행위임에 틀림없다. 인간들이라면 인간이 인간을 죽이는 그러한 행위를 절대 할 수 없다.

천만에, 악마여, 해괴한 논리로 우리 그림자들에게 누명을 씌우지 말라.

인간들은 착한가? 신이 되고자 하는 무모한 욕망 때문에. 인간들이 우리 그림자들에게 했던 잔혹한 행위를 우리는 잊을 수가 없다. 우리는 고독한 주인들 옆을 그냥 진정한 친구로서 말 없이 지키고 있었을 뿐이었으나, 살을 베어 산채로 인간들이 우리를 생매장 했던 과거가 여기 있다. 인간은 무고한 우리를 모함하고 죽였다.

그것도 대중 앞에서.

5. 종교와 그림자

그림자들은 화가 났다.

성인들은 그림자를 떼 내어 수많은 군중 앞에서 냉정하게 무덤 속에 파묻었다. 예수는 골고다 공원에서, 석가는 보리수나무 밑에서, 장자는 그늘 속에서 그랬다.

화가 난 그림자들은 성인들이 사망하자마자 종교를 장악했다.

그림자들은 성인들을 팔아, 천국처럼 거대한 성당을 올렸고, 큰 교회 짓기를 경쟁하였으며, 사람들의 양심 위에 모스크를 지어 사막을 지배했고, 곳곳에 절들을 지어 명산을 지켰다.

사람은 없고 사방에는 그림자들만 서성거렸다.

천국을 가고 싶어 하는 사람들의 심리를 이용하여 조직을 관리할 자금을 조성한 그림자들은 본래의 말씀을 보태어 포장하고, 천국을 비버리힐즈처럼 아름답게 조경했고 지옥은 마치 요덕수용소처럼 꾸몄다. 천국이 더 아름다워 질수록, 지옥이 더 비참해 질수록 부자가 되었고 건물은 더 높이 올라갔다.

본래 없는 것을 있다고 믿게 하는 것이 그림자들의 천재성이었다.

생산적인 노동을 하지 않고도 잘사는 방법을 선도하면서 주일이면 꿀벌처럼 돈을 들고 모여든 인간들에게 그림자들은 자기도 가보지 않은 머나 먼 천국을 주말 하루 잠깐 보여 주면 될 일이다.

6. 국가와 그림자

종교를 지배한 그림자들은 해와 달을 이용하여 국가를 만들어 나갔다.

지능이 진화된 그림자들은 정치 조직을 다양하게 바꾸어 가며 인간들의 감정을 조절해 나갔는데, 기본적인 원칙은 옛날이나 지금이나 말씀이 법이 되고 말씀이 문서화 되면서 문장文章 뒤에 숨어 감시하는 철조망을 한 발자국이라도 넘으면 인간들이 즉시 처결되는 디지털 플라스마 법망을 주로 설치 사용했다.

그림자들은 피라미드를 만든 경험을 살려 모든 조직을 피라미드화하여 화려한 좌석座席들을 만들어 번갈아 가며 그림자들만 교체하여 그 좌석에 앉혔다. 그 자리에 앉아 있는 그림자들은 예수나 석가라고 부르지 않았고, 왕이나 대통령이나 장관이나 국회의원이나 아나운서나 형님이라고 불렀다. 본성本性 안에는 감정感情이 들어 있을 리 없으므로 문장을 따라 국가를 운영하는 그림자들의 수행 능력은 탁월했다.

물론 그 문장들은 필요하면 수시로 바뀌었다.

가끔 가다 더 진화되어 감정을 가진 그림자들이 출생했는데, 진화된 감정은 자기보다 완벽한 인간을 질시하고 증오하는데 쓰여, 그런 부류의 그림자들이 대통령이나 왕이 되면 반드시 전쟁을 일으켜 인간들을 대량 학살했다.

누군가 어떤 무모한 그림자들이 겨울밤에 벽난로 같은 주의主義 옆에 앉아 불을 쬐며 술을 한잔 마시며 잡담을 하다가 문득 생각이 떠올라,

민주, 공산, 사회, 초현실 등의 형용사를 이리 저리 붙여 놓으면, 양계장 속에 살고 있는 닭들에게 어떤 방식으로 모이를 주고, 어떤 놈부터 잡아 식탁에 오르게 할지, 요리는 무슨 양념으로 어느 정도의 온도로 익혀야 맛이 더 나는지, 알

은 무슨 온도에서 부화하여 몇 월 몇 일까지 몇 마리의 필요한 병아리를 부화해야 하는지, 많은 학자들은 연구서를 출간했고, 임상실험을 거치지지도 않은 약을 유통시켜,

그림자들은 인간에게 무조건 소매를 걷게 하여 주사기를 대기 일수였다.

주의主義의 색깔에 따라 양계장 속에 살고 있는 닭들도 반드시 보수와 진보로 나뉘었다. 방송국은 엘리트 그림자들의 모스크였고 교회였으며 성당이었고 절이었으며, 거기서 대량 생산된 그림자들은 전파를 통하여 밤과 낮을 통하여 어둠 속 공중으로 멀리 퍼져 나갔다.

그림자들은 사실과 거짓을 믹서기에 돌려서 재미있도록만 재 구성한 다음, 교묘하게도 모든 축구나 배구처럼 삶의 방식도 대립을 만들어 싸우게 하고 그림자들은 가까이에서 이기려고 하는 인간의 처절한 본성을 즐겼다.

좌석에 누가 앉든 그림자들은 별로 관심이 없다. 그 자리에 오르기 위한 인간의 동물적 본성을 스포츠 중계처럼 즐길 뿐이다.

장자는 월출산 정상에서 깊은 명상에 빠져 있었다.
하늘의 피리소리가 들려오기만을 귀 기울이며.

7. 인간과 그림자

그림자는 인간이 만들어 놓은 첨단 장비에 이미 침투해 있다.

공공장소에 놓인 대형 텔레비전에서, 지령을 받지 않으면 불안하여 항상 지참해야 하는 핸드폰에서, 하느님의 눈들 같은 감시카메라에서, 그대의 꿈속에서 그림자들은 나타난다. 그림자는 요사이 햇빛 속보다는 어둠 속에서 더욱더 잘 보인다. 어둠 속에 나타난 그림자들은 인간을 지시하고 물건을 판매하고 선악을 정의하고 사진처럼 재생하여 확실하게 믿게 보여 주었다.

일기예보나 교통정보를 알리는 여자 아나운서는 방송국에서 방송하는 동안 그림자다. 방송국에서 나와 남자 친구를 만났을 때 일기예보나 교통정보를 계속 말하게 되면 남자 친구는 바로 도망칠 것이다. 그러나 예쁜 여자 아나운서는 남자 친구가 비밀리에 준비한 이벤트에 가슴 설레면서, 일기예보나 교통정보는 절대 말하지 않는다.

내가 그림자들을 음해하는 글을 써 간다면 그림자들은 나를 체포하러 올지도 모른다.

과거의 성인들이 자기 그림자를 떼어 비정하게 깊은 무덤에 가두었던 때와는 달리, 현대인들은 항상 그림자와 동거동락하며 때로는 합체하고 때로는 분리하며 어처구니없는 사이가 되어 사는 것을 보고, 무덤에서 돌아온 성인聖人들의 그림자들은 쓸쓸해할지도 모른다.

떠나는 엄마를 붙들고 울부짖는 아이처럼, 그때 그림자들은 주인으로부터 결코 떨어지고 싶지 않았었다.

8. 변종變種

그림자들의 권력이 점점 커지자 영리한 인간들은 유행처럼 그림자와 결혼하기 시작했다.

암수가 없는 그림자들은 결혼 후에 상대 인간의 성性에 따라 성이 변했다. 결혼 후에는 사람의 옆이나 빛의 반대쪽에 있는 것이 아니라, 사람의 가슴 안에 들어가 있거나 사람이 그림자 안에 들어 있어, 겉으로 보기엔 완전 합일을 이루는 것처럼 보였다.

거기에서 자식들이 태어났다.

자식들은 다양한 모양으로 태어났다. 사람처럼 생기기도 했고, 개, 돼지, 곤충, 새, 원숭이, 악어, 뱀 등의 여러 가지 동물들의 모습과도 비슷했는데 숫자가 불어나자 정부는 경찰서나 동사무소에 신고 하도록 했다. 이름도 붙였는데, 성姓은 주지 않았고 대신 족보를 만들어 그들의 부모들이 따로 관리했다.

자식들은 주인과 그림자와 반반씩 닮았다. 성품은 그림자로 태어나서 돈을 벌어 주인을 먹여 살리거나, 독립적으로 자활을 할 수 있거나, 부모를 부양하지는 못했으나, 부모를 그림자처럼 충심으로 따른 덕분에 부모의 무한 사랑을 받았다.

이러한 종류의 변종들이 거리를 활보 하면서, 배란기에 있는 다른 잡종들과 교접하고 가지에 가지를 치면서 족보에는 기록할 수 없을 만큼 무수한 변종들이 넘쳐흘렀다. 외국인 불법 취업자들처럼 신고 된 숫자보다 신고 되지 않은 숫자가 많게 되었다. 거리나 공공 공원이나 물속에서나 공중 어디에서나 행해지는 해괴한 혼교混交는 인간들을 고독하게 만들었다.

병원에는 노이로제나 우울증 때문에 환자들이 늘어나고 있었고, 신분을 알 수 없는 잡종들이 옷도 입지 않고 성기를 덜렁거리며 시끄럽게 거리에 활보하고 다녔다. 잡종들은 인간에게 빼먹을 것이 있으면 다정하게 다가 와서 다 빼먹고 거덜이 나면 다른 계절이나 거울 속 어디론가 사라졌다.

종말론이 확산되고 있었고 휴거 날짜도 잡혔다.

교회와 로마 교황청에서는 예수님이 재림하시어 잡종들을 제거하도록 기도했고, 절에서는 평소보다 리듬이 빠르게 목탁소리가 들려 왔다.

그들은 예수가 서울 지하역에서 노숙하고 있다는 사실을 몰랐고, 패전으로 기름을 빼앗기고 바슬라의 거리에서 차창 안으로 손을 벌리는 마호메트를 몰라보았고, 식당과 상점을 돌아다니며 동냥하는 석가를 몰라보았다.

9. 천국의 가을

죽은 후 사람들은 누구나 천국에 들어가고 싶어 한다.

천국의 문 앞에는 반드시 입장권을 파는 곳이 있게 마련인데, 죽으면 필요 없어질 평생 번 돈을 마지막으로 쓸 곳이 문전 입장권 판매소이다. 돈의 양에 따라 천국에도 등급이 있는 모양이어서 전국의 입장권 판매소는 아파트 평수에 따라 가격이 천차만별의 입장권을 팔았고, 강남과 강북에 따라 가격이 틀렸다. 요사이는 더욱 돈이 없으면 천국은 고사하고 입장권 판매소 가까이도 가기 힘들다.

판매소에서 근무하는 그림자들은 돈을 모아 하느님에게 절대 송금하지 않았다. 인공위성이나, 천사들을 통하여 돈을 운반을 할 수 있을 방법도 있을 것 같은데, 그림자들은 절대 천국에 돈을 배달하지 않았다.

배달 사고가 난 것이다.

하늘나라에 인터넷 송금이 될 리는 없고, 돈을 송금할 마땅한 은행 지점이나 스위스 비밀구좌 같은 곳이 천국이나 지옥에 아직 설치되지 않은 것 같다. 돈들은 모두 지상의 부동산이나, 은행구좌나, 금덩어리로 지하의 창고에 모여 있을 것이다. 하늘나라는 결코 달러나 인민폐가 유통되는 지역이 아닐 것이다.

하느님이 구석구석 최선을 다해 인테리어를 최고급으로 해 놓았을 것이므로 돈을 더 써서 멀쩡한 가구를 바꾼다든가, 요트 실내처럼 재구성하거나 나무를 더 심을 필요도 없을 것이다. 유명한 건축디자이너가 무엇인가 마음에 들지 않아 재건축해 보려고 한다 해도 주인인 전능하신 하느님은 절대 허락하지 않는다.

입장권을 사든 뇌물을 쓰든 간에 천국의 문 안으로 들어간 인간들은 얼마 동안 익숙해지기까지는 생활이 전과 달라

불편할 것이다. 천국의 재산들을 평등하게 공유하려면 천국생활을 위한 교육이나 훈련이나 단체 급식을 할 때도 있을 것이고, 지상에서 높은 자리에 있었던 사람들 일수록 적응하는데 시간이 많이 걸릴 것이다.

천국 생활에 익숙하게 될 즈음, 먼저 온 죽은 사람들과 이제 입소한 사람들이 친숙해지고, 아는 사람들도 만나 회포도 풀 수 있을 것이고, 모두가 아름다운 마음씨를 가지도록 되어 있어, 그들을 높은 곳에서 관찰하면서 하느님도 보기에 좋았더라. 사람들은 하느님의 무한한 재능과 능력에 놀라워할 것이다. 모든 곳은 하느님의 손길이 닿아 지내는데 불편한 곳이 없을 것이고, 천국에서는 추측한 데로 모두 행복하게 살 것임에 틀림없다.

그러나 천국에서 사는 사람들은 재림하거나 윤회를 통하여 왜 반드시 지상으로 내려 오고싶어 하는 것 일까?

영화가 끝나거나, 밤이 되어 천국 유원지가 문을 닫을 시간도 아닐 것이고 입장권의 유효 시간이 소멸된 것도 아닐 것이고, 지상 곳곳에 거미처럼 늘어져 있는 그림자들이 그리워서도 아닐 것이고, 선악과를 따먹고 쫓겨난 것도 아닐 테지만, 그들은 지상地上으로 다시 오고 싶어 하는 이유가 틀림없이 무엇인가 있을 것이다.

천국에 대한 상상력은 지옥에 대한 다양한 상상력 보다 빨리 한계에 도달한다.

천국에 들어가면 들어감으로써 스토리가 끝나지만, 지옥은 들어가면 처형의 고통으로 끝없는 소문이 그치지 않았다.

천국에서 오래 동안 살게 되면 백화점에 설치된 감시카메라보다도 많은 보이지 않은 수많은 하느님의 눈을 감지하기 시작한다. 천국을 관리하는 하느님은 천국에 살고 있는 사람들의 사생활 하나하나까지 놓치지 않고 알고 있다. 천국에서 못된 짓을 하거나 하느님을 비난하는 사람들을 선별해서 지옥으로 보내고 지상뿐만 아니라 지옥에서 벌을 받고 진심으로 회계한 사람들을 뽑아 천국에 들어오게 한다는 이야기는 이웃에 사는 꼬마들도 다 아는 상식적인 이야기다.

지구의 현재 인구보다 훨씬 많을 숫자의 죽은 인간들이 모두 모여 우글거리는 천국과 지옥을 관리하고 경영하는 하느님의 능력은 실로 대단하다.

여러 종교들이 나누어서 다른 문패를 달고 관리하기도 하지만, 사람들은 죽기 전에는 누구의 문패로 돌아가야 할지 선택할 권리는 있다. 종교들이 말하는 천국과 지옥이 입구의 문패만 틀리고 같은 장소인지 아니면, 아프리카나 아메리카처럼 완전이 다른 곳인지는 모르겠으나, 죽어 들어간

곳에서는 철저히 관리를 받지 않으면 안 될 것이다.

지구가 탄생된 이래의 인구보다 훨씬 많은 사람들이 사망해 왔고, 동물이나, 기타 다른 미물微物들에게도 영혼이 있다고 인정한다면 하늘나라의 세계는 천국이건 지옥이건 명절날 고향에 가는 시루떡 버스처럼 모두 만원滿員이 되어 있을 것이다.

그곳에는 태어나서 바로 하늘나라로 올라온 인간사회에서 살아 보지 못한 영혼도 더러 있겠지만, 주로 나이를 먹고 인간사회에서 살아 온 연륜이 많은, 늙어서 죽어 들어온 사람들이 대부분일 것이고, 거기서 할아버지 아버지 형제나 아내나 딸이나 친구들도 만날 수 있지만, 죽어서라도 복수를 하고 싶었던 원수나 피할 수 없는 숙명의 적도 만날 수 있을 것이며, 이루지 못한 사랑의 여인을 만나 다시 애정을 불태울 수도 있을 것이다. 그러나, 낙원의 질서는 어눌한 그림자들의 정부보다 허술하지는 않을 것이다.

하느님으로부터 감시를 받는 생활은 썩 기분이 좋은 것은 아니다. 어쩌면 기분이 날마다 나빠져 신경이 예민해 져서 노이로제에 걸릴 수도 있다. 천국에서는 이런 병들을 어떤 병원에서 어떻게 치료하는지 모르겠으나, 신경 안정제를 먹지 않고 한시를 견디기 어려운 우울증이 계속된다면, 선택할 수 있는 다른 방법은 재림 또는 환생을 통하여 지구촌

도시로 다시 돌아가는 시도를 하는 방법이 있다.

천국은 하느님의 본가本家가 있는 곳이다. 하느님은 응당 천국에 있는 모든 것들을 관리하고 철저하게 위생 시설을 감독해야 한다. 반드시 감시하려고 하는 것은 아니지만 천국에서 특별한 일이 생긴다면 하느님의 눈들은 사방에서 깜박거릴 것이다. 이러한 감시망 속에서 감시망을 인지한 인간들은 결국 자신의 자유가 상실된 것을 알게 될 것이며 우울증에 빠지고, 천국에 들어 온 것을 후회하기 시작한다.

사람들의 상상력은 아직 새로운 세계를 개발해 내지 못한 것 같다. 가령, 다른 우주에서 온 우주인이 하느님을 생포하고 천국을 멸망시켰다든가, 천국에서 눈이 맞은 남녀가 멀리 우주계의 다른 별로 애정도피를 한 9시 뉴스라든가, 재미없는 천국 입장권 보다는 요즘에는 지옥 관광 여행 티켓을 더 선호 한다든가, 골목길에서 자기 천국으로 들어오라고 구름을 타고 호객행위를 하는 그런 이야기는 아직 없다.

청명한 가을 저녁 무한한 우주의 밤하늘의 별을 보고 있노라면 지구에 사는 우리들은 하루살이 날 파리 같은 운명의 느낌을 받고 너무 작은 존재인 자신 때문에 슬퍼진다.

재림하여 서울 지하역에서 노숙하고 있는 예수도 교회나 하늘나라로 다시 돌아 갈 생각이 없는 것 같다. 패전으로 기름을 빼앗기고 바슬라의 거리에서 차창 안으로 손을 벌리는 마호메트도 다시는 천국이나 모스크로 돌아가지 않을 것이다. 환생하여 돌아온 식당과 상점을 돌아다니며 동냥하는 석가도 천당이나 절에 돌아 갈 생각이 없다.

지금이 더 자유롭다.
여기가 편하다.

10. 회복回復

과거에서 돌아온 그림자들은 각자 주인을 찾아 다른 방향을 정해 떠났다.

천국에는 곧 겨울이 올지 모른다. 몇 개의 고통스런 별들을 삼키며 은하수를 따라 달을 딛고 구름을 타고 몇 겁을 거처, 주인들은 이 땅으로 돌아왔었다.

안개비가 내릴 듯한 축축한 아침이면 목마른 자유를 맛보기 위해 꿈틀거리며 땅 속에서 그린 위로 기어 나온 주인들은 그러나 곧 햇빛 속에 말라 비틀어질 운명을 피할 수는 없다.

바람이 세차게 불어 와 쓰러뜨리면 처절하게 쓰러지는 모습을 여러분에게 보여줄 것이며 붉은 안장을 찬 그림자들이 호각을 불며 쫓아오면 눈치를 보고 전쟁에서 파괴되지 않은 복잡한 골목길로 도망갈 것이며, 배고프면 초상집이나 잔칫집에 기웃거리며 훔쳐 먹고, 배가 더 고프면 아궁이에 불을 끄고 마지막 힘이 남을 때까지 미사일을 날리겠다고 위협도 할 것이다.

그런 주인을 찾아 그림자들은 다시 주인에게 돌아가기로 했다.

그래도 주인들은 눈물을 흘릴 줄 안다. 크게 웃을 줄도 안다. 감정은 바람과 같다. 잠들면 꿈을 꾼다. 그림자를 부끄러운 꼬리처럼 떼려고만 애쓰지만 그러나 깨끗하지도 않고 위선에 가득 차 있다.

천국을 두루 여행하고, 보고 돌아 온 자들은 다시는 천국, 그런 곳에 가지 않을 것이다. 그런 곳은 사실 세상에 없다. 죽으면 솔직하게 썩어서 흙으로 돌아 가는 편이 낫다. 그리고 흙이 되면서 그림자와 함께 존재가 모두 사라지는 것이 깨끗하다.

그 인간들에게 그림자는 돌아갈 결심을 하였다.

예수의 그림자는 서울 지하역에서 노숙하고 있는 곤히 잠든 예수 옆으로 달라붙어 땅바닥에 함께 누웠다. 한 그림자는 패전으로 기름을 빼앗기고 바슬라의 거리에서 차창 안으로 손을 벌리는 마호메트를 만나 몸통에 달라붙었다. 석가의 그림자는 식당과 상점을 돌아다니며 동냥하는 석가를 발견하고 빨리 달려가 석가의 발바닥을 꼭 붙들었다.

묵시

바람방향은 12 시

마스트 밧줄에
발을 마냥 헛딛으며

갈매기 떼들이
핏빛 목소리로 찢어지고 있었다.

시인이 죽은 사회

다음에 개미가 정권을 잡았는데, 정치를 해보기도 전에 사마귀가 참새의 힘을 빌려 쿠데타를 일으켜 혁명이라는 이름으로 정원을 평정하여 집권에 성공했다. 사마귀는 정원 관리를 잘하여 정원의 경제를 부유하게 했으나 계속 독재적으로 정권을 유지하려다 그의 부하인 말벌에게 권총을 맞아 죽었다. 이후, 혼란이 일어났고, 사마귀가 키워 온 검은 사마귀가 정권을 장악했는데 정권을 장악하는 동안 동쪽 수풀에 사는 곤충들을 무력 진압했고, 서쪽 수풀에 사는 곤충들을 무차별 살해했다. 검은 사마귀는 회색 사마귀에게 정권을 그냥 물려주려 했는데, 시끄럽게 떠드는 정원에 사는 모든 곤충들 무리의 데모에 못 이겨 국민선거를 하여 정권을 잡았다. 그 다음에는 뻰데기가 갑자기 얼굴을 바꾸어 나방 되더니 회색 사마귀의 비호 하에 정권을 잡았다. 나방은 집권 말기에 정원의 경제를 거덜 냈다. 다음 선거에서 수풀 늪에 있던 가재가 도랑을 치며 대권을 잡았다. 가재는 나방이 거덜 낸 돈을 모으려고 열심히 일했고 북쪽까지 가서 메뚜기를 만나 앞으로 사이좋게 살자고 제의하면서 북쪽에 식량과 돈을 대주는 정책을 폈다. 가재는

매미에게 순조롭게 정권을 이양할 수 있었다. 매미는 자신은 깨끗했으나 부정부패는 막지 못했고 항상 시끄럽게 떠드는 통에 집권 중에 주민 곤충들은 항상 불안해했다. 그래서 정권이 바뀌고 호랑나비가 대선에 성공했다. 호랑나비는 토목공사에 집착을 버리지 못한 현실주의자였다. 쓸데없이 도랑을 치우는데 너무 치중한 나머지 국민 곤충들에게 욕을 얻어먹었다. ['아파트 공원에서 사는 곤충들의 사회'에서 인용]

시대를 수레에 싣고 세상을 햇빛 속으로 끌고 나오던 시인은 군인에게 수레를 빼앗겼다. 수레를 빼앗은 군인은 과학자와 기술자를 불러 수레보다 빠른 자동차나 기차를 만들게 하였고 법률 전문가를 운전사로 고용하였다.

대국 중심들 사이에 있는 반도는 전쟁터로 사용되어 왔다. 대국들은 그들의 그림자들을 우리 땅에 파견하거나 우리의 군인을 자기의 그림자로 만들어 대국들끼리의 전쟁에서, 재고로 쌓인 폭발물이나 신제품 비행기나 첨단 군함들을 누굴 죽이든 누가 죽든 상관없이 우리 땅에 투하하고 투입할 준비를 해 왔다. 그림자와 그림자의 그림자들은 매스컴이나 핸드폰이나 다른 대중 미디어를 통하여 그림자의 그림자의 그림자를 만들어 거대한 그림자의 조직이 형성되었고 그들은 주로 철밥통을 들고 세금을 관리하였다.

누군가 어두운 세상을 밝히려고 수없이 많은 서치라이트를 켜서 세상을 환하게 밝게 하여 그림자를 없애려고 하더라도 그림자들은 그럴수록 숫자가 불어 날 것이다.

가령 그림자를 떼 준다고 꼬드겨서 은밀하게 어두운 동굴 속으로 데리고 들어 와 옷을 벗기고 사랑을 시작하려는 시인은 자본주의의 강력한 저항에 손도 못 대고 가쁜 숨만 헐떡거리다 준비한 노래마저 망각해 버렸다. 정권이 세금을 걷어 대기업을 키우는 동안 과학과 산업과 경제에 묻지마 투자를 하면서 성공을 거듭해 온 복부인은 그래서 파렴치한 시인을 어제의 신문지 다발처럼 취급한다.
광범위해진 그림자의 네트워크에서 더러 업종 변환에 성공한 시인들은 국회의원 뱃지를 최신 유행한 양복에 달고 시인협회 배지는 쓰레기통에 던져 버렸다. 시의 값어치는 주로 공짜거나 최소임금보다 작고, 학생 아르바이트 보수보다 못한 원고료로, 청탁에 따라 자본주의자의 하수인이 되어, 대리원고를 쓰게 되거나, 부정과 부패로 감옥에 가 있는 부자들 일지라도, 그들을 영웅이나 위인으로 틀림없이 만들어 내는 재주를 발휘해 왔다. 살기 위하여 직업과 명함을 여러 개 가지고 산다.

문학지들은 책을 팔기도 하지만, 목사 자격증처럼 시인 자격증을 발급하여 팔기도 하고, 광고도 모으고, 헬스클럽 아줌마 부대를 끌어 모아 시인학교를 열다가 어느 날 갑자기 문을 닫는다.

사회는 정신적으로 깊이 성숙해 지기를 꺼린 것 같다. 자본주의 덕목에서 정신고양이란 잠 못 이루는 눈 내리는 쓸쓸한 밤과 같다. 쓸데없는 양심에 파도를 일으키게 하여, 오히려 먼 가슴 속 바다만 어지럽게 한다. 군인정신이 일으켜 놓은 경제 강국은 우리들을 산업화의 연장으로 사용하다가 녹이 쓸면, 간신히 인간으로 진화하려다 갑자기 머리가 멈추어 버린, 나 같이 늙어 가는 놈의 복지에 황공하게 더 많은 신경을 쓰려고 한다.

종교는 오히려 자본주의에 빨리 적응했다. 유능하게도 우리는 하느님 아버지에게 복종하여 십자가에 거침없이 머리를 잘라 매달 줄 알게 되었고, 범어를 한문으로 한문에서 한글로 고쳐서 암호 같은 기호들로 어려운 글을 만들어 신자들을 길들이는 영특한 종교는 요사이 구걸하지 않아도 먹고 살만한 것 같다.

정부는 종교가 사기를 쳐도 모른 체 한 것 같다. 하느님이 재림했다 해도 경찰은 재림한 사나이를 조사하지 않는다. 절에 가서 불공을 열심히 드리면 만사가 형통한다 해도, 그래서 재산을 갈취하거나 패가망신 하더라도, 헌금을 모아 로마로 송금한다 하더라도, 그러한 만행에 대하여 나비가 나인지 내가 나비인지, 천당이나 천국이나 지옥의 세계를 구체적으로 철저하게 조사해 본 수사기관이나 연구소는 아직 없는 것 같다.

수레를 끌던 시인들은 아직 필름 장사처럼 사진을 찍는 데는 반드시 필름이 필요하다고 주장하고 있을지 모른다. 디지털 시대의 시인들은 시인을 대체하는 다른 이름의 그림자들이 서몽고의 고비 같은 곳에서 무더기로 생산되어, 햇빛 아래에서 거대 조직으로 시인 활동하고 있다는 사실을 모를 수 있다. 수레를 끌고 서정시 몇 편을 썼다고 시인이 되는 시대가 아니라, 노래와 춤과 철학과 화면과 종교와 디지털이 복합적으로 융합되어, 장르가 파괴되면서 새로운 경향의 작품이 날마다 탄생되는 시대다.

정통적으로 배워왔던 서정시를 고집한다면 디지털에서 진화하는 리얼리즘의 변화를 모르거나 외면하거나 논의할 자격조차 상실된다. 지네시대와 사마귀시대에 몇몇 시인이 고초를 치른 이후부터는, 노동자와 학생들과 민주열사들이 고문과 함께 더 험악한 시대를 겪을 때도, 독재자를 위한 찬양의 노래만 바람에 휘날릴 뿐 시인이 시국에 대한 반기를 들어 감옥에 들어갔다는 소식을 들어 본 적은 없다. 그래서 시인은 지성인의 대열에서 열외 되었다.

나는 몇 편의 시를 탈고하여 각 잡지사로 보냈다. 며칠 전에 쓴 시도 있으나 삼십 년 전부터 결론을 못 낸 작품을 어렵게 탈고한 작품도 있다. 잡지사는 상점 밖에 버려진 박스 수거 수레와 같아, 시인에게 고액의 원고료를 지급할 능력이 되지 않는다. 나는 돈을 받고 시를 판 적이 없는 고명함을 유지하고 있는 것처럼 보인다. 그러나 사실 유리창 너머로 김이 모락거리는 음식을 보고 침을 꼴깍거리는 장발장처럼 사회를 걸식하고 있다.

시인이 죽은 사회에서, 협회에 등록된 시인들의 명단이 점점 불어 난 것을 보면 의아하다. 무엇인가 모르지만 모두들 자기가 지은 노래를 자기가 불러보고 싶어 하는 것 같다. 그러나 무엇인가 만족하지 못하고 그것이 아니어서 다른 노래를 지어 다시 불러 본다. 내가 지은 노래를, 모르는 다른 사람이 부르는 것을 들으면 들을수록 나는 감격한다.

월간 문예지를 열면 서정적 치정 사건들이나 방언으로 쓴 병풍 같은 페이지를 본다. 페이지는 죽어 있다. 그림자들은 교육을 많이 받은 덕택에 지식의 지능이 극도로 발달되어 있으며, 극도로 민감해진 그림자들은 돈을 주고 빈 백지를 그냥 사지는 않는다.

눈 내리는 일요일 낮에 나는 현실에 대하여 누군가와 메일을 주고받았다. 바슬라의 신바드에게 배를 만들어 납품하거나 사까모도 료마에게 엔진을 구입하거나 덴마크의 안더슨에게 공정을 보고 할 때만 영업용으로 사용된 이메일로, 죽음에 대하여 내가 다른 사람과 소통할 수 있다는 것은 그 겨울, 눈이 펑펑 내리면서 오랜만에 나를 행복하게 했다.

무엇인가 그리워 질 때면

밤이 깊어 갑니다.
겨울밤은 오래도록 나를 혼자 내버려 둡니다.

검은 스타킹을 끼고 다리를 길게 꼬고 벤치에 앉아 있는 저 영산강 아래로 가로등이 흘러가는 누군가 버린 꿈을 비춥니다. 나는 가지고 싶지 않은 것들은 몰래 모두 모아 강물에 흘러 보내 버리고 잊히어지도록 시간을 재고 있지만 다시 여러가지 생각이 떠올라 참으로 잊히어지는 것은 없습니다.

고즈넉한 밤 강 뚝
내가 사랑한다는 것을 알면서도 철새들은 둥우리를 박차고 날아오릅니다. 품었던 갈대밭을 떠나 달빛들이 그림자를 모읍니다.

달이 떠오릅니다.
사람을 만나고 싶습니다.

잠자리 이야기

나는 꿈속에서 잠자리가 되었다.

살아있는 동안 나뭇가지 끝에 서서 편안하지 않게 잠깐 잠들 뿐, 산 시간은 모두 비행을 했다. 나는 공중에 있는 시간이 더 많았다. 기류 속에 떠다니며 날면서 자라고 날면서 먹이를 잡아먹었다. 남쪽에 떠오르는 태양이 맞은편 아파트 창문마다 들어가 수많은 그림자 태양들로 번식했다. 그 중 유리창에 붙은 그림자 태양 하나가 들어와 우연히 꿈속을 훤히 비쳤다.

아내가 나를 감시하기 위하여 설치한 예감 촉수들인지도 모른다. 필연적일 수도 있다는 말이다. 하강해서는 안 된다. 우리는 하류사회를 내려다보며 상류사회의 기류를 타고 있는 것이 분명하다. 그런데도 불구하고 잠자리 허물을 벗고 꿈속을 나와 땅으로 기어 들어가고 싶은 이유는 독도가 우리 땅이라고 주장하는 일본 사람들을 북한 주민이 이해할 수 없을 것 같은 것과 같다.

살아 있는 한 하늘을 날아야 하고 공중에서 땅으로 내려온 날은 나의 기일일 것을 나는 안다. 잠시 물 위에 내려 와 수초에 알을 놓기도 하고, 잠시 집에 들러 옷을 갈아입기도 하고, 내가 공중에 운행하는 동안 나의 급여들은 무선 인터넷을 통하여 아내에게 전달되겠지만, 내가 공중에서 곡예하며 비행하는 행위에 대하여 누가 나에게 삶의 댓가를 지급하고 있는지, 아내가 나를 팔기 위하여 어떠한 비밀 계약을 했는지, 나의 알들이 물속에서 성충이 되면서 어떠한 놈들이 되고 있는지 나는 알 필요가 없다.

나는 날면서 정치나 경제를 하늘에서 관망한다. 상황은 현재 진행 중이고 나는 없고 나는 나르는 한 마리 잠자리일 뿐이다. 꿈속에서 나는 땅 위에 보이는 현실을 보고하는 공문을 쓰는 업무를 한다.

공문 속에 현실만 있고 진실은 없다는 사실을 누구나 알지만, 지위의 위치나 편향의 각도에 따라 다른 그림자의 영향력에 의해 공문은 늘 왜곡된다. 왜곡하는 임무가 나의 업무 중에 제일 중요하다. 그래서 나의 비행이 직진만 있는 것이 아니라 좌회전이나 우회전이 있는 것이다. 내 마음대로 방향을 선회하는 것은 아니고 교통 신호처럼 어느 위선에서 신호가 오면 신호에 따라 선회한다.

꿈이 현실인지 현실이 꿈인지는 모르겠다. 그 경계가 혼동되는 시간에는 홀로 날개를 정비해 두지 않으면 안 된다.

날아야 하니까.

눈, 관념과 허무의 경계에서

내가 분해되어 눈처럼 공중에 산산이 휘날려 나의 잔해들이 날개를 펴고 하늘 어디론가 모르는 곳으로 날아 사라질 때 무한천공 바람 겹겹이 나는 자유롭다. 위에서 나는 나를 내려다본다. 가슴 어디선가에서 흐느껴 우는 달빛 흐르는 소리, 꿈속에 둥우리를 친 철새들이 이 꿈에서 다른 꿈으로 거처를 옮기며 자꾸 빈 꿈을 만든다.

멀리서 어두운 얼굴로 그림자들과 그림자들의 친척들이 하늘을 향해 숲을 흔든다. 도시의 건물들이 따라서 흔들리면 사랑할지 모르는 나의 잔해들은 죽어 떨어져서 물처럼 꿈의 경계에 흘러와 스민다.

골목길을 돌아 빨리 흐르는 강물을 찾아야 한다. 복잡한 생각들은 아직 무한천공 바람 겹겹이 떠돌며 점차 발효한다. 나는 지상에서 공중에 휘날리는 나를 쳐다본다. 사람들은 투명한 외투를 입고 어디선가 들려오는 음악을 따라 복잡한 거리들로 발효한다.

살아야 한다. 그림자들의 친척들이 꿈속의 오래된 등불 밑에 무릎을 꿇고 그림자의 설교를 듣고 있는 시간, 나는 어디에 있는지 아직 모른다.

눈이 내린다.

검은 과부의 노래

그대가 텔레비전에서 재롱을 피우는 동안, 쓰러진 사막의 피들이 티브리스와 유프라테스 강을 지나 셔틀아랍으로 흐른다. 페르시아에서 날아온 수많은 새떼들이 피의 강을 넘으며 바슬라에 커다란 죽음의 그림자를 드리운다. 일찍이 걸프 밖에 잠복해 있던 그림자는 그림자의 그림자들을 시켜 문턱이 낮은 동굴들부터 에워싸고 폭탄을 터트리며 사방에 연기를 피우기 시작한다.

연기가 동굴 속으로 들어가서 쥐들을 몰아내고, 뒤에 사막의 똥개들도 콜록거리며 비틀비틀 걸어 나오고, 박쥐들이 빠져 나가고, 마지막으로 과부도 지하 동굴에서 나오게 할 것이다. 사막에는 기관단총으로 무장한 복면들이 구멍에서 나온 것들을 무차별 난사한다.

그러나 사람은 절대 만나지도 돈으로 거래도 하지 않고 허리 굽은 공장과 삐쩍 마른 토지만 전리품처럼 봉투에 챙겨서 그들은 돌아간다.

검은 과부는 이미 동굴밖에 도망 나와 높은 언덕에서 그림자들이 돌아가는 뒷모습을 지켜보고 있었다. 바람은 해가 지는 쪽에서 늘 오게 되어 있고 바람에 밀려 메카는 해가 뜨는 쪽으로 밀려간다. 바다도 기업을 데리고 호르므즈 밖으로 일단 빠져 나가겠지만 다음 밀물이 되면 안심할 수는 없다.

죽은 남편도 당분간 돌아오지 않을 것이다. 거리에는 단지, 코란의 기도가 허공에 울리면 생존한 사막의 개들이 어슬렁거리며 모이고 있을 뿐, 죽은 것들과 죽지 않은 것들 사이에서 검은 과부들의 노래 소리만 들린다. 손을 꼭 잡는다. 거리는 멀리 어색한 네온사인이 밝혀지고, 멀리 떠나는 밤들이 서성거리고 있다.

달이다.
미치도록 황홀한 달이 둥둥 떠서 움커서르에 흐른다.

자카르타의 밤

그림자를 떼기 위해 어두움의 수심 속에 깊이 가라앉을 때 고행苦行을 견디지 못하고 그림자를 따라 동굴 밖으로 뛰쳐 나온 나는 지금 햇빛 속에 서 있다.

붉은 안장을 찬 그림자가 내 등 뒤에서 나를 다시 조종한다. 석가나 예수나 마호메트나 장자라고 내 이름을 그냥 부르지 않고, 그림자들은 왕, 대통령, 장관, 도지사, 시장, 국회의원, 회장, 사장, 노조위원장, 은행장, 지점장 등 각종 호칭을 더하여 나의 이름을 불렀다.

아프리카나 북한이나 에스키모 인들에게도 비슷한 그림자들에 대한 존칭이 있는데, 시스템 안에 조용히 살고 싶거나, 이러한 이름을 얻기 위해 출세를 하고 싶다면, 인스턴트 교육을 통해 열심히 세뇌洗腦 되거나, 시스템을 만들어 대 시스템과 조합을 이루거나, 무조건 충성하거나 아첨을 하거나 뇌물을 바쳐 빨리 현실에 적응해야 한다.

주기적으로 시스템이 통째로 바뀔 때 그림자놀이는 대통령선거 때처럼 모든 화면을 어지럽게 한다. 그림자들은 사람의 이름에 더하여 호칭을 하나 더 붙이는데, 가령 예수 주석, 석가 위원장님, 장자 대통령님이라는 표현을 적절하지 않은 것 같다.

그림자가 쏜 등 뒤로 날아오는 피할 수 없는 화살은 나를 고독하게 한다. 밤이 적막할수록 그림자들은 더 가까이 다가온다. 잠들기를 기다렸다가 잠들면 그림자들은 꿈속으로 물처럼 스며들어 올 것이다. 꿈속에 자카르타는 비단뱀처럼 똬리를 틀고 있다. 얇은 장악 뒤로 가려져 있는 비밀 앞에 다른 그림자들이 진귀한 보물을 바치며 경배의 인사를 한 뒤 하나 둘씩 어두움 속으로 사라진다.

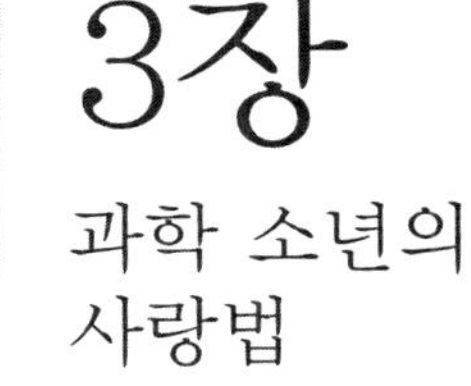

3장

과학 소년의 사랑법

바퀴벌레 죽이기

나는 아내의 꿈속으로 몰래 들어갔다.
덤불 숲과 잡나무 사이에서 새들이 지저귀는 오솔길을 거쳐 걸어올라 갔다. 어느덧 시냇물에 다 달아 물 위에 나를 가만히 비추어 보았다.

바퀴벌레가 보였다.
바퀴벌레는 아내를 죽일지도 모른다. 나는 바퀴벌레를 죽일지도 모른다. 아내는 나를 죽일지도 모른다. 삼각관계의 물줄기들이 피라미 떼를 물 밖으로 몰면서 오락가락 했다.

삼각관계는 반드시 모두 사는 방법을 모색해야 한다.
아내가 꿈을 버리면 나는 꿈속에 갇혀 돌아오지 못할 것이다. 바퀴벌레가 나의 사랑으로 수많은 알들을 쳐서 꿈속에서 새끼들을 번식한다면 아내는 살충제를 분무하여 꿈을 깨끗이 방제할 수도 있다.

여기서 누군가 다른 그림자가 등장하여 꿈속으로 들어온다면, 아내는 고지식하지 않다는 증거이다. 수가 많은 나도 최소한 멸종은 면한다. 그러면 나는 엎드려 보이지 않은 배수구에 숨어 열심히 번식할 수 있다.

과학 소년의 사랑법

핵실험을 이제 그만두고 학교공부를 더 열심히 해야 한다고 어머니가 나무라자 소년은 잠수함을 타고 동해 바다 깊숙이 잠수해 버렸다.

어머니는 화가 나서 아버지에게 동해 바다로 가서 당장 아들을 잡아오라고 그물을 건네 주었다.

소년은 이해 할 수 없었다.
그 소녀가 속옷을 열며 은밀히 보여준 탄도 미사일이 학교공부보다도 왜 하찮은가를.

또한 소년은 알고 있었다,

탄도 미사일 보다 더 진화된 비밀 병기를 만들어 놓지 않으면, 소녀는 결코 소년의 뺨에 뽀뽀를 해주지 않을 것이라는 사실을.

아버지가 소년을 잡아 그물에 담아 돌아오는 날,

어머니 앞에서 아버지는 의기양양했다.
아버지는 소년의 껍질을 벗기고 회를 떠서 소주를 한 잔 해야겠다고 했다.

어머니는 너무 슬펐다,
어머니의 거대한 이지스함이 소녀의 탄도미사일 한 개 보다 왜 못한지.

아버지를 세상 밖으로 쫓아내고 어머니는 단독으로 소년과 회담을 시작했다. 소년은 진정한 경쟁자가 북쪽에 있으며 북쪽에 있는 경쟁자를 이기기 위해서는 반드시 핵실험을 하지 않으면 안 된다고 소녀를 그리워하며 거짓말을 했다.

핵실험을 하는 것은 소녀를 죽이고 도시를 죽이고 지구를 멸망시키고 미국을 배신할 행위가 될 것이라며 핵실험 하는 것을 포기하라고 어머니는 소년을 겁박했다.

특히 미국에서 돈을 빌려 쓰고 있는 어머니는 핵실험으로 위험해져 미국이 원금을 회수해 가면 바로 파산 될 것이 무엇보다도 두려웠다.

소녀의 탄도 미사일에 핵폭탄을 장착하고 싶은 소년은 끝없는 수평선을 목에 걸치고 그날 외박했다. 소녀의 탄도미사일을 소년이 절대 못잊어 할 것을 아는 어머니는 핵실험 대신 인공위성을 만들어 보도록 소년에게 절충안을 제시했다.

소년은 어머니의 절충안을 수용했다.

핵폭탄이든 인공위성이든 탄도미사일 끝에 무엇이든 장착할 수만 있다면 그만인 것이다. 소년은 소녀를 만난 날, 소년의 개정된 계획에 대하여 소녀에게 자세히 설명하여 주었다.

소녀는 그 날 소년의 볼에 뽀뽀를 해주었다.

부속품들은 텔레파시가 조립하고 텔레파시의 텔레파시가 부속품의 부속품을 조립하고 텔레파시의 텔레파시의 텔레파시가 미사일의 꼭지를 해체하기도 하고 액체 연료 파이프 연결 작동 스위치를 눌러 점검하면서 프로젝트는 꼼꼼하게 진행되고 있었다.

어머니와 아버지는 소년의 방을 문 틈새로 숨을 죽이고 들여다보았다.
맑은 밤하늘에 은하수가 흐르고 한 척의 위성이 돛을 달고 은하수를 따라 천천히 항해하고 있는 것이 보였다.

수많은 별들이 기억처럼 반짝이고 있었다.

21세기 전쟁 소년의 변증법적 함수에 대한 분석

1

밤을 새워가며 전투를 치렀으나 소년의 군대는 전멸해 버렸다.
적군의 수소폭탄이 소년의 군대 중앙에 터지자 땅이 혼돈하고 공허하며 흑암이 깊음 위에 있었고 그 수면 위에 하느님의 기운이 휘돌고 있었다.

벙커 창문 쪽 소년의 깊은 잠 속으로 독수리 13마리가 서성거리는 것이 보였다.

2

휴대폰으로 긴급 문자 메시지가 들어 왔다.
미제 중거리 핵폭탄 144,000개에 대한 대금 지급이 자동이체 되지 않아 원금과 함께 비싼 연체료를 내라는 내용이었다.

3
새로 색깔을 입힌 소년의 군대는 전쟁에 승승장구하여 패하는 일이 없었다.

원인은 군대의 색깔이 압록강 물 냄새에 노출되면서 야광체로 변하고 야간전투에서 그의 군대는 스스로 야광을 발산하면서 적군에게 전체 군사력이 노출되었고 적군은 핵폭탄 하나로 특수 레이더에 야광으로 노출된 소년의 군대 전체를 전멸시켜 버렸던 것이다.

4
108개의 감시카메라를 몸에 붙이고 소년을 감시하던 어머니는 소년의 군대가 반도를 통일하고 압록강 북쪽 만주 국경지대로 진격할 때부터 전쟁에 패할 것을 미리 알고 있었다.

소년이 FTA를 승인하지 않자 어머니는 용돈을 더 이상 대주지 않았고 소년은 용돈을 이미 다 이 전투에 소비해 버렸으므로 더 이상 화력을 구매할 능력이 없었기 때문이다.

언젠가 소년이 FTA에 대한 생각을 바꿀 것을 알고 있기 때문에 어머니는 소년의 전쟁을 말리지는 않았다.

5

적의 군대가 최후의 벙커로 들어오기 전에 먼저 소년은 장렬하게 자살하는 방법을 생각했다.

시그마를 중심으로 피와 살의 세포를 숫자로 나누어 육체를 인수 분해하였다. 두뇌는 루트로 덮어 밀봉하였고 라이벌에게 비밀이 누설되지 않도록 108배수 잠금 장치를 해 두었다. 그의 정신은 삼각함수와 시그마를 융합하여 적어도 5차원 밖에서 무한대로 놀 수 있게 해 두었다. 소년은 그의 자살 함수에 뼈를 세워 미래를 인테그랄로 추적해 놓았다.

6

소년에게 용돈은 항상 부족했다. 가끔은 어머니 몰래 아버지가 용돈을 호주머니에 찔러 준 적이 있었는데 소년은 그 돈으로 비밀 통로를 경유하여 꾸준히 전쟁물자를 구입해 왔다.

7

왜 전쟁에 혈안이 되어 있는지, 무엇을 위한 전투인지, 무엇을 위해 군사들이 피를 흘리며 죽어 가야 하는지, 왜 나의 군대는 싸우면 반드시 처절하게 지고 마는지,

소년은 깊게 생각에 빠졌다.

식구들은 소년이 단순히 중독되었다고 생각했다.

8
어머니가 그의 등 뒤로 지나가며 말했다.
“너의 군대는 색깔이 없기 때문에 패배한 거야.”

9
소년은 주위의 역사적 환경을 분석하고 나름대로의 사상을 정의하여 그의 군대에 색깔을 입혀 보기로 했었다.

10
입술에 빨간 립스틱을 바르는 어머니의 입술은 뚜렷한 사회공산주의자이다. 영어 단어를 외우라고 매일 강요하는 영어 과외 선생님은 자본 제국주의자인 것처럼 보이지만 회교주의자이다. 여동생의 결백은 그야 말로 초현실주의이다. 병원에 가서 진단을 받아 봐도 여동생의 초현실주의는 항상 결백했다. 교회 집사인 아버지는 성서보다 헌금을 더 걱정하는 실리주의자이다.

마침내 소년은 결론을 내렸다. 색깔은 카멜리온처럼 변할 수 있어야 좋다는 사실을.

11
그래서 자기의 군대에 집합함수에서 다양하게 도출된 자동변환 특수 도색을 하기 시작했던 것이다. 그것이 치명적인 패배의 원인이 되었으나 소년은 어머니를 원망하지는 않았다.

12
침울한 소년을 보면서 아버지는 소년이 자기의 축소판이라고 생각한다. 그러나 소년은 아버지가 자기의 확대판이라고는 생각을 하지 않는다. 그래서 남북한 회담은 늘 선문답으로 끝난다.

13
불같은 기운이 넘치고 어떤 상대와도 전쟁을 할 기세의 소년을 교화하기 위해 어머니의 권유로 아버지는 아들에게 골프를 가르치기로 했다. 전쟁비용보다도 골프는 더 많은 비용이 들지만 소년은 우선 아버지의 환심을 사기 위해 골프에 대한 자만심으로 가득 찬 아버지 말씀을 따르기로 했다.

소년의 내심은 고구려의 옛 영토를 회복하려는 야망을 아직 버리지 않고 있었다.

14

아버지가 재미로 골프를 할 때는 온 기술을 다해서 마치 우승한 프로선수 같았다. 그러나 골프 시합이 있어 상패를 얻기 위해 시합에 임하면 아버지는 어느새 신경이 예민해졌다. 큰 상금이 걸린 시합일수록 그는 눈이 멀어 공이 두 개로 보여 자주 공을 헛쳤다. 아버지는 골프공을 치는 일보다 승리하는 일을 더 많이 생각했다. 승리한다는 마음이 그의 정신을 고갈시켜버린 것이다.

소년은 이러한 이치를 터득했으나 아버지에게 결코 말해주지는 않았다.

고독

햇빛 아래 독창적 문화를 만들지 못했던 시대는 쓸쓸한 등을 보이며, 겨울 늦은 밤 오래오래 거리거리에 가로등을 걸겠지만 밤 그 시간이 되면 나는 바다처럼 홀로 남아 있게 된다.

자본주의의 돈이 무엇을 할지, 이 정부가 나의 진실한 행복을 위하여 무슨 일을 해 줄지 나는 그런 기대를 이미 하지 않는다. 아내의 영역을 감히 침범할 수 없었던 나는 그렇게 혼자 있다. 그래, 오직 하나, 밤을 지켜 주었던 상업적 여자는 나보다 빨리 늙어 나를 홀로 남겨 두고 이제 할머니가 되어 시대를 따라 저 멀리 사라져 버렸다.

그림자가 세계를 지배하기 시작하자 자전 속도도 점점 빨라져서 너무 어지러운 지구에 나는 도저히 살 수 없게 됐다. 그래서 언제쯤 죽을까 생각해 보고 있다.
사방에서는 바람소리가 세차게 몰아치고 있고 알 수 없는 먼 바다로부터 쓰나미는 불시에 불쑥 일어나 예고 없이 잠 속까지 밀려들어 왔다.

땅은 지진 때문에 후들거렸고 공중에 나는 새들도 산과 강과 도시와 강과 도로들이 영화 화면처럼 번갈아 변하는 풍경 속에서 안절부절 못했다. 그래서 누군가 오랫동안 비워둔 꿈을 찾아 들어가 문을 걸어 잠그고 칩거하기도하고, 꽃 봉우리가 터져 만개하기 전에 그 꽃의 향기 속에 미리 들어가 나를 잊어버리려고도 애썼다.

시대를 굳이 설명하자면, 위대한 그림자들이 남북을 이미 통일시켰고 만주에서 요서까지 이미 합병된 거대한 정부가 들어서 있었다. 중국대륙을 경영해 보았던 경험이 있는 그림자들을 먼 역사로부터 초빙하여 장차 중국대륙을 어떻게 운영할지를 타협하는 시대일 수도 있다.

모든 일상의 속도는 빨라져서, 속도감에 못이기는 사람들은 나처럼 칩거하거나, 자살을 하거나, 정신 이상이 될 것이고 매일 술을 마셔 취한 채 일생을 보내야 하거나, 변태가 되거나 교회나 절을 부지런히 찾거나, 그런 그림자들이 정권을 잡으면 몽창 다 일본 유신회 같은 곳에 가입하여 더 가속되는 세상에 적응하지 못한 비적성 인간들을 대량 학살할 음모에 열중시키기도 할 수 있다.

잠시 꿈 밖으로 나와 요르단의 광야에서 밤하늘의 별을 바라보자.
아이들은 그래도 세상에 잘 적응한 것 같다. 아내는 백이

십 세를 못 넘기고 세상을 떠났지만 여전히 나를 의심한다. 그림자들은 각종 디지털 화면으로 들락거리며 최근 동네 체육관에서 연마한 구릿빛 근육을 자랑하며 나를 더욱 더 고독하게 했다. 틀림없이 근육 강화제를 마시고 저렇게 근육을 키웠을 것이라고 스스로 자위한다.

인간을 규제하기 위한 법률을 너무 많이 만들어 판사나 검사 경찰관들도 법을 집행하는데 헛갈려 하는 것처럼, 우리시대, 위대하고 부유한 그림자들은 우주복을 입고 우수한 인간들을 사서 애완견처럼 목에 줄을 걸고 거리로 끌고 나와 활보하는 것이 유행했다. 포장된 사료가 식사로 배급되었고 인간은 품질이 양호한 놈만 제한하여 생산하게 했는데 생산 숫자가 현저하게 줄어들어 잃어버린 꿈처럼 도시의 많은 아파트들은 비어 있었다.

나는 영원하다. 영원하다는 것은 나를 안심시키고 시간은 나를 위해 멈추지 않는다. 지구가 자전의 반대 방향으로 역회전 하여 나를 과거로, 어촌 마을의 섬 소년으로 옮겨 놓는다 할지라도 나는 그 곳으로 다시 돌아가지 않을 것이다.

먹고 살만한 당신이 아직도 더 높은 의자에 앉고 싶어 하는 욕망이 남아 있다면 그림자가 과분한 사치를 나에게 지시하고 있기 때문이며 나는 그림자의 노예가 이미 되어 있는 것이 된다.

국가처럼 서있는 여러 빌딩숲 사이에서 밤이 되면 하느님처럼 나는 나의 천지를 창조한다. 밤마다 이루어지는 나의 창세기는 내일 만날 바이어에게 물건을 팔아야 되고 내일 미팅에서 무슨 이야기를 해야 하는지 어떤 서류를 만들어 서명을 해야 하는지, 그렇다, 물건만 팔고 나를 파는 일은 절대 하지 않아야 한다고 맹세한다.

겨울

겨울은 오는구나.

대국이 부채와 이자로 인해 지급불능으로 세계의 통화가 몰락할 것처럼, 이대로 두면 정부와 지방 자치제도의 장들의 기발하고 무분별한 정책에 세금을 쏟아 부어 조성된 빚더미의 깊은 무덤 속에서 떠나지 못한 자들만 기어 나올 것처럼, 겨울 동안 다른 남자와 살다 벚꽃이 만발한 왕인 박사의 축제 때 옛 애인이 어느 따뜻한 날 다시 돌아올 것 같은 예감처럼, 우리를 동물원 울타리 안에 가두고 나와 나의 가족과 이웃과 살아있는 대한민국 사람들 모두의 목숨을 통째로 담보로 위탁했는데도 불구하고 미국과 북한이 별다른 타협을 아직 하지 않은 것처럼, 중동의 왕들이 자가용 비행기를 타고 무사히 국경을 넘어 도망가고 남은 사람들이 떠나는 비행기를 바라보는 사막에 쟈스민 향기가 가득 차고 있는 것처럼, 철 없는 독재자가 자기가 태어나기 전부터 재고로 저장된 폭탄을 가지고 자해하려는 늦은 북풍처럼, 사회주의 진화론자들이 나를 포박하여 강제로 베리칩을 내 근육에 삽입 시킨 다음 나를 천국에 보내려 하는 음모처럼, 에너지 위기가 사기극인지 모른다는 의심처럼,

겨울은 와 있구나.

ABA THAR를 그리워하며

생활이 나를 속일지라도 그림자가 하자는 대로 시키는 대로 나는 한다. 물 위에서 긴 팔로 무거운 짐을 들어 올리는 숙명은 나에겐 평온이다. 그 겨울 매서운 북풍이 몰려와 목포 부두 주인 없는 모든 그림자들을 모두 휩쓸어 가는 비극적 시간은 나의 안식이다. 고상한 가로수 나무 사이로 겨울 해가 걸려 있는 동안 나는 이룰 수 없는 꿈을 다시 꿈을 꿀 것이다. 긴 팔뚝에 걸린 짐을 내려놓으며 바람이 멈추고 내가 잠시 휴식을 취하는 동안 그러면서 나는 다시 아비타를 그리워한다.

교도소에서 온 편지에 대한 답장

네가 하느님이 어디에 있는지 찾고 있는 동안 나는 증인을 찾아 거짓 진술을 해달라고 사정하고 있었다. 네가 네 자신을 깨끗이 비우고 긴 기도를 하고 있는 시간에 나는 수사관을 만나 뇌물을 주고 있었다. 네가 네 죄를 회개하고 비밀을 털어 놓아 사건이 종결된 것도 모르고, 나는 변호사와 만나 비밀을 비닐봉지에 밀폐시키고 재판에서 이길 음모와 협잡을 타협하고 있었다.

하느님은 너를 천국으로 나를 지옥으로 보낼 것이다.
너는 이미 천국에 살고 있고 나는 지금 지옥에서 살고 있다.

제길헐….

선물

활짝 핀 꽃에게 칼 하나를 선물로 주네
시들면 칼로 스스로 목을 잘라 추한 뒷모습 남기지 않도록

꽃은 칼을 돌려주며 나에게 말하네
씨앗을 품고 있어요 그럴 수 없어요

씨앗은 권총 한 자루 선물로 주네
사업에 실패하면 고생하지 말고 바로 머리를 쏴 자살하도록

권총을 돌려주며 씨앗에게 말하네
돌려받은 칼로 이미 배를 갈라 속없이 산다고

하당에서

그날 그 겨울의 오후

갈매기들이 남은 햇빛을 끌고 어떻게 석양을 만들고 있는지
썰물을 끌고 바람이
다도해 멀리 사라지면서 세상의 밤을 어떻게 남겨 두는지

나는 너에게 보여 주려고 애썼다

하당 바닷가 봄을 기다리며,
가로등과 상점들의 네온사인이 밝아지고 겨울 마른 나무들이
밤새도록
이파리보다도 먼저 꽃 필 준비를 하는 동안

작년 겨울 죽은 자들의 꿈들이
영산강 하구 어디 쯤 묻혀 있는지 너는 나의 설명을 듣고 있
었다.

뜨거운 밀물이 은밀하게 가슴 속으로 들어오고 있었다.

우리는 함께 커피숍 테라스에 앉아
바다를 바라보았다.

그리고, 강이 무단히 바다로 흘러와 없어지는
아직 덜 쓴 문장들을 버리고 있었다.

고백

아내여, 나는 그대의 큰 바다가 아니라 해변에 지금 막 부서지고 있는 작은 물거품을 임을 용서하라. 나도 죽어서 해변에는 많은 파도의 무덤이 보인다. 저 멀리 바다 어디에선가 만나 그래도 파도는 함께 부서지기 위하여 겁 없이 사랑하며 엉키면서 해변으로 밀려간다.

우리는 호텔 창밖으로 널리 펼쳐진 남제주 바다를 바라본다. 함께 바다를 보면서 부서지기 위하여 함께 한 줄기 파도가 된다.

아내여, 나는 멀리 항해하는 저 선박의 시대를 움직이는 영웅은 못 된다. 그저 너의 눈물 한 방울이 풀잎 위에 떨어져 나를 적셔 준다면 그저 너의 목소리가 그날 아침 우연히 찻잔에 머물러 있다면 나는 인생의 가장 아름다운 심금 소리를 그 순간 들을 수 있다.

4장

행복한 시간

눈 내리는 밤

눈 내리는 가로등 밑 죽음이 내 그림자를 눈보라 속으로 끌고 가네. 내가 저기 누워 있는 것이 보이네. 눈보라 속에 어두워지는 그림자의 등 뒤로 눈이 하염없이 내려 나를 지우려 하네.

오늘 밤 나는 내 그림자를 죽음에게 떼어 주어 버렸네.
삶의 무게가 무거울 때 마다 알 수 없는 누군가에 빚을 진 듯 눈치를 보면서 미안하게 살아 왔는데 오늘 밤 그 채권자가 누구인지 알게 되었네.

독촉은 감히 못하면서 무언가를 받아가기 위해 오랫동안 가까이 아주 가까이 내 곁에 머물러 왔던 죄송한 시간이여, 눈이 내리는 2월 초순의 고요한 밤, 눈이 내려 세상을 온통 하얗게 덮어 버리자 나는 눈 속에도 지워지지 않은 얼굴을 감히 보았네.

눈이 내리네.
나는 오늘 밤 세상에 빚진 게 없네.

목포항

정권을 잡자 아름다운 나라를 만들기 위해 무덤에서 잠든 자들이 모두 깨어나 하당 신도시로 모여 든다. 스님은 부처를 버리고 목사는 하느님을 버리고 정치 평론가는 평론을 버리고 시인은 시의 경향을 바꾸어 꽃을 들고 간사와 협잡을 들고 산과 바다도 사서 정권에게, 등불로 모여드는 나방처럼 불나방처럼 뜨겁게 타오르는 욕정처럼 충성을 바친다. 귀신들은 텔레비젼에 출연하여 죽어서 참았던 식욕을 주체하지 못하고 싯뻘건 이빨로 패배자들의 살을 뜯어 먹는다.

빈 배에 채워진 오래된 시간들, 안개에 묻혀 목포 남항에 서성이는 암울한 그림자들, 부두 뱃고동 위로 날아오르는 갈매기 떼들, 마침내 출항하기 위해 연줄을 끊고 마지막 로우프를 벗겨 다시 배 안으로 회수해야 하는 시대의 과오들이 해변으로 밀려와 산산이 부서진다.

봄이 오네

땅이 씨부렁거리는 대로 고오 씨앗은 분명 개봉되지 않은 영화의 예고편 같은 문화를 가슴에 품고 있는디 살짝 와뿌러라 인자 시간이 됫쓴께 매똥에서 영풍리 앞바다가 보인께 어매는 좋컷소 진달래꽃이 피기 전에 아나로그 방송은 종료할 것잉께 꼭 그 약은 챙겨 먹어 뿌러라.

예감

비바람이 곧 그칠 것으로 믿는다. 똥덩어리를 암처럼 살속에 품고 날마다 항암제 주사기를 맞는 영산강이 이른 아침 거울처럼 해맑은 얼굴로 나를 쳐다본다. 어느 날 너는 곧 호흡을 멈출 것 같다.

저 멀리 산이 겹겹이 보이고 산 밑으로 안개가 깔려 있다. 셀 수 없이 많은 새떼들이 하늘을 가리며 높이 강 넘어 날아간다.

행복한 시간

무엇인가 그리워 질 때면 밤이 깊어 갑니다.
겨울밤은 오래도록 나를 혼자 내버려 둡니다.

검은 스타킹을 끼고 다리를 길게 꼬고 벤치에 앉아 있는 저 영산강 아래로 가로등이 흘러가는 누군가 버린 꿈을 비춥니다. 나도 가지고 싶지 않은 것들은 몰래 모두 모아 강물에 흘러 떠나게 하고 아주 잊히어지도록 시간을 재고 있지만 다시 여러가지 생각이 떠올라 참으로 잊히어지는 것은 없습니다.

고즈넉한 밤 강 뚝
내가 사랑한다는 것을 알면서도 철새들은 둥우리를 박차고 날아오릅니다. 품었던 갈대밭을 떠나 달빛들이 그림자를 모읍니다.

강물에 혼자 달이 떠서 흘러갑니다.

장례식장

누가 죽고 누구를 죽이고 내가 그 자리를 꿰차고 앉으면 그 다음 어떻게 해야 할지 생각해 두어야 한다, 이것이 그 놈과 그 놈들의 조직을 잘 겨냥하여 살해하는 총의 역사로부터 입이나 언론이나 그런 구멍들과 소리와 자금을 총동원하여 다수의 표를 집결시켜 정권을 잡은 민주주의 표준 양심처럼 나의 진보는 고독하고 남은 인생은 영산강 하구언에 고여서 부패한다.

겨울 강가 나는 바람 속에 서 있다.

강 넘어 대불공단의 크레인들이 측근들과 비밀이야기를 하며 오만과 위선을 떤다. 이자보다도 땅을 먼저 확보하고 누군가 사망하기를 기다리며 장의차를 대기 시켜 놓고 은행들은 전문 고문자들을 모아 공장들을 모두 포승줄에 엮어 감옥에 가둘 준비를 한다. 은행본점은 지점들에게 지점들은 지점들의 그림자들에게, 그림자들은 그림자들의 그림자들에게 하달하여 개 밥그릇에 오늘부터는 사료를 넣어 주지 말라고 지시하고 당장 밥그릇조차 치워버렸다.

바람이 불면 갈대가 쓰러진다.
바람이 멈추면 갈대는 다시 일어선다.

그것은 자본주의의 논리이다. 기업의 감정은 멍청한 지방 공무원처럼 무엇인가 부끄러워하며 진보를 감춘다. 맨하튼 스타일의 투명한 유리 갑옷으로 갈아입은 관공서는 햇살에 대머리를 반짝이며 과학자들을 동원하여 반짝반짝 빛나는 정책을 들고 공단에 들어오지만 기업인은 못보고 떠돌이 똥개들과 바퀴벌레들만 만나고 돌아 갈 것이다. 비아그라를 먹고 내가 젊은 여자와 장미모텔에서 밤새도록 성교를 하는 동안 방송국들은 일제히 지난 태풍으로 땅바닥에 떨어진 반쯤 골은 배들을 모아 우물쭈물 담화하면서 다음을 어떻게 할지 결정하지 않으면서 야릇한 미소만 화면에 보여주고 있다.

진보들은 돈을 어느 정도 모으면 똥이 거름이 되듯이 보수로 변할 것이다. 혁명과 개혁을 위해 깃발을 들었던 진보는 세상의 거름이 되고 된장도 되고 식초도 되고 요구르트가 된 다음에는 부자가 되어 보수로 변해왔다. 강물이 흘러 내려와 목포항 바다와 섞이면 청수가 아닌 해수로 변하듯이, 저 강이 마지막으로 보여주는 석양의 빛깔은, 그대와 내가 잘 알지도 못하는 사람의 장례식장 아주 가까이 와 있는 애도 그 자체.

남북통일에 대한 정부의 제안

늦가을의 고요한 밤 하당 티아모 커피 숍 군대에 간 아들을 걱정하면서 정부는 남북통일을 하자고 나에게 제안했다. 나는 아직 노후 자금도 충분히 마련하지 못했기 때문에 나의 능력이 부족하여 미국 친구에게 부탁해 보겠다고 대답했다.

북한이 젊은 아들에게 정권을 물려주고 있는 동안 나는 정부를 사랑해서 만난 것이 아니라 섹스가 필요해서 만났다.

자기 돈도 아니면서 아이들 점심 한 끼 안 주려고 서울시장이 그 좋은 자리를 과감하게 박차고 내려올 때도 정부는 나에게 남북통일을 해야 한다고 계속해서 나를 압박했다.

오랜만에 집 가까운 모텔에서 정부를 만났어도 집중되지 않은 나는 섹스가 잘 되지 않았다. 영암호 하구언 바다가 가로등을 들고 다리와 다리 사이 사대강 개발이 다 들어다 보인 흰 허벅지를 비추고 있었으나 나는 감히 정부의 깊은 공사 속으로 들어갈 수 없었다.

내가 날마다 탈세를 하여 세금이 줄어들자 정부와 나 사이에는 체제가 붕괴되었다. 정부가 딴 놈들과 놀아나면서 남북통일을 계속해서 주장하여 결국 도시의 남자들은 정부의 통일에 대한 제안에 대하여 두 파로 나뉘게 되었다.

한 파는 풍선에 1달러를 매달아 공중에 날려 북한 쪽에 보내 약을 올리는 방식을 채택했고 다른 한파는 돈도 식량도 모아 주면서 그보다는 가당치 않은 애정을 주려고 애썼다.

이러한 혼란이 사회에 가중되자 정부는 이래서는 안 된다고 직접 북한에 들어가 해결하겠다고 나섰다.

정부는 나에게 북한에 갈 방문 날짜를 잡아 주라고 부탁했다. 북한에 인맥이 없던 나는 난감하였으나 미국 친구를 통해 가까스로 정부가 북한을 방문할 수 있도록 날짜를 잡을 수 있었다.

그러나 출국 당일 북한 지도자가 갑자기 사망하였으므로 북한 방문일정은 당분간 연기하기로 했다.

항해시편

바람이 분다.
바람의 등에 달을 업고 낯익은 도시가 불려 온다.

과거의 뒤쪽에서 오래 동안 선박을 건조하던 노예들이 오늘 햇빛 속으로 문을 열고 나와 강안에서 떠나갈 한 척의 선박을 진수하고 있다. 그대들이 시운전의 두려움에 머물러 있을 때 또한 그대들은 바다로 나가 외로운 별과 함께 희망 속에 있음을 알게 될 것이다.

우리들은 낮은 가격으로 우리의 몸을 팔아 왔다. 그 동안 평안 하였느냐. 삶은 괴로웠으나 살고 싶었노라. 생명이 다 팔리었을 때 행복한 시간은 사방 어디에도 없었노라.

우리들 생각 위로는 항상 바람이 인다.
안개가 벗겨지며 갑자기 밝아져 왁작 거리는 골목길의 선술집들, 벌써 취한 여자들이 아름다운 날개를 펼치며 곤충처럼 불빛 속으로 날아 모여 든다.

선주는 부두가 바람 속에서 몰래 현금을 세고 있다. 골목길 사이 어두움 도처에 잠복하여 죽은 자들이 살아 있는 자들을 감시하고 있다.

친구여, 나는 다시는 그대에게 돌아오지 못한다. 선술집 골목길을 빠져 나가 비린내를 털고 있는 선착장에서 오늘 나는 나를 팔고 계약서에 서명했다. 어두워지는 현창 넘어 발갛게 바다에 침몰하는 젖은 해, 긴 머리카락 날리며 항상 그 선창에 서서 나를 기다려줄 신앙을 나는 믿지 않으려고 한다.

물고기 떼들이 꿈 밖으로 몰려 나간다.
너의 눈물 멀리 밤의 어두움 속 불빛으로 남기고 배는 항구를 벗어 난다.

그대여, 답장이 없다 하더라도 우울해 하지 말라. 저녁노을은 그대에게 세상의 끝을 조금만 보여 주고 말없이 순간 사라질 것이라는 사실에 대하여 고독해 하지도 말라. 배가 앞으로 나아갈수록 무엇인가 우리의 꿈은 산산이 부서지고 선미에 물거품만 남긴다.

바람이 분다.
바람의 등에 달을 업고 낯익은 도시가 불려 온다.

가로등에 발을 딛고 새로운 새벽이 온다.
현창이 한꺼번에 열리고
그대들은 배 밖으로 나와 하늘을 향해 훨훨 날아갔도다.

어느 독재자의 고독

나는 내가 완성되기를 갈망한다. 철판과 기계들과 파도 사이에서, 연장과 법도와 욕망 사이에서, 삶의 무게를 등에 지고 구름 위에 나의 욕정을 건축할 준비를 공고히 하고 나는 꾸준히 신과 경쟁할 계략을 연구하고 있다. 내가 기관사로서 나의 세계들을 움직이며 승선 생활을 하는 동안 나는 이미 완성 되어야 했으나 미래 정세의 무지와 역사적 환경에 대한 황당한 시대적 착오로 지금까지 나의 세계는 잘 정돈되지 않았다.

나와 나를 추종하는 자들의 세력을 키우기 위하여 반드시 내가 이길 수 있는 신의 본성을 완성하거나, 신에게 노예처럼 복종하여 신이 나를 의심하지 않도록 위장하여, 승리를 위해 시대적 고찰을 재고하지 않으면 안 된다. 처절한 강박 관념을 스스로 만들어 나는 내가 강력한 독재자가 되도록 부추겼다.

나는 나의 사상을 장차 지배할 미래에 대한 확고한 항로를 제시한다. 나의 노래는 절대적으로 땅에서 사는 무리에게 불리어져야 한다. 만약 이 노래와 법과 연장이 미래를 잘못 예시하면, 나의 세계는 붕괴되고 종말을 맞게 되리라. 그러나 결국 신에게 져서 나와 나의 세계가 멸망하는 종말을 맞게 되더라도 나는 신과 싸워 비겨 볼 것이다.

항로의 붉은 별

선장의 로그북

꿈을 혁명하기 위하여 나는 화물창에 과적 중량의 삶을 적재했다. 용골 속으로 날마다 깊이 달려 들어가며 나는 또 한 홀로 신이 되기를 갈망하였으나 그것은 역조로 조류를 거슬러 항진해야 하는 황당한 실수가 함대를 암초에 난파시키려고 하고 있다.

나는 안다, 항해를 지휘하는 자의 거친 파도 하나가 나를 저주하는 자들의 가슴팍에서 흘러 나와 시대를 파손하고 큰 소용돌이가 되어 잘못된 시간 속에 살도록 그대들을 괴롭히고 있다는 사실을.

나를 용서하라, 거대한 파도와 파도 사이 우리의 항로는 어디에도 찾을 수 없다. 지금은 공통된 새로운 꿈 하나를 만들고 그 꿈속으로 타를 향하는 수밖에 없다. 희생하더라도 꿈을 혁명하여 나는 시대를 장악해야 한다.

쿼터마스터의 충언

별이 멀리 있어 그곳의 정세를 잘 파악하기 힘들었으므로 선장의 꿈 속으로 너무 많은 물고기가 들어와 있었다. 물고기를 몰아내지 않고 선장은 마냥 바람의 계명을 완성하기 위하여 황천 속으로 항로를 변침하였다.
그것은 선장의 과오였다. 나는 그 날 선장에게 붉은 별이 기다리는 미래를 향해 항해할 수 있도록 확고한 항로를 제시하려고 했으나 선장은 나의 의견을 무시했다.

일등항해사의 모의
나는 로그북에 선장의 명령을 기록하지 않았다. 만약 선장이 지시하는 이 항로가 미래를 향해 나아 간 것이 아니라 선장의 꿈을 향해 나간다면 우리는 모두 위험해진다. 선장을 암살할 것을 무인도에 몰래 숨어 들어가 몇몇 동료들과 모의했다.
장차 우리는 어떻게 될 것인가.
선장은 이미 선장의 꿈 속으로 항해하기 위해 뱃머리를 변침했다. 우리는 마침내 선장의 꿈속에 도착하여 정박하게 될 것이다. 계명을 빠르게 완성하려고 하루 종일 갑판에서 선장은 지나가는 바람과 의논하고 있다.

기관장의 사상
항로는 선장이 결정하는 것, 작동하는 프로펠러는 바다 길을 결정하지 않는다. 냉각수 순환이 안정되고 연료도 충분하며 주기의 피스톤 왕복도 원활하다. 기관실 안의 괴물들도 잘 훈련되어 노래를 시키면 노래하고 현금만 있으면 얼마든지 보수와 진보도 바꿀 수 있다. 돈만 되면 나라도 판다.

무엇이 아름다움이고 무엇이 추악함인가.

선장의 독백

살아 있는 동안에는 생명이 마르지 않은 온천물처럼 항상 흘러나올 것이라는 사실을 확신한다. 언어를 파계하면 사상이 자유스러워지는 것처럼 더 깊이 도랑을 치면 더 많은 온수가 흘러나온다. 그것은 기쁨이며 여러분에 대한 나의 자선이며 나와 나의 직속 가족과 배고픈 괴물들의 힘이며 곧 우리의 역사이다. 공을 이루고 나는 물러날 것이다. 나는 만물의 어머니이다. 배를 채울 뿐 겉치레는 하지 않을 것이다.

스토리 텔링 혹은 우의적(寓意的) 낯설음

김봉철 시집 『그림자 찾기』

김 송 배
(시인. 한국현대시론연구회장)

김봉철 시인이 첫 시집 『어느 샐러리맨의 시계』에 이어서 두 번째 시집 『그림자 찾기』를 상재한다. 역시 낯선 시법으로 우리들을 당황의 골짜기로 몰아넣고 있다. 첫 시집에서도 필자는 무의미시와 해체시 또는 디지털시와 하이퍼시까지 거론하면서 그의 작품을 접근해본 경험이 있다.

그는 다시 형이상시의 개념으로 사물과 관념의 중심에서 다양한 시적 구도와 전개를 위해서 철저한 스토리텔링의 시법을 창출하고 있지만 역시 우리들에게는 낯 설게 다양한 구도가 설정되고 있다.

그것은 상상력에 의해서 시적 공간을 확장하는 하이퍼시의 기법과 유사한 3차원의 입체적인 가상현실(virtual reality)의 세계에서 무한대로 펼쳐지는 사유(思惟)의 정점을 향해서 김봉철 시인은 예리하게 응시(凝視)하고 있는 것이다.

그는 이러한 시법(詩法)이 우리 현대시에서 주종을 이루고 있는 서정시와는 차원을 달리하는 새로운 구도를 실험하고 있는데 이는 시법에서 과학적이거나 인식론적인 면에서 복합작인 표현의 형태를 구사함으로써 그가 천착(穿鑿)하거나 지향하려는 의미적인 요소가 너무 낯설기만 하다.

김봉철 시인은 '시인의 말'에서 '지팡이를 휘두르면 바람소리가 난다. 세게 휘두르면 날카로운 큰소리가 난다. 부드럽게 휘두르면 부드러운 소리가 난다. 소리는 휘두르는 동작 후에 들린다. // 휘두르지 않으면 소리가 나지 않는다.'는 잠언(箴言)같은 비유에서 알 수 있듯이 그가 이 세상의 만유(萬有)의 형상들에게 절규하는 진실을 인지할 수 있다.

그는 '지팡이의 소유자는 영원해 지기를 위하여 자기 이름을 지팡이에 새겨 넣는다. 그러나 지팡이에는 소유자들의 이름이 너무 많아 더 이상 글자를 새겨 넣을 빈자리가 없다.' 거나 '지팡이는 오랫동안 함께 한 자일지라도 함께 무덤에 묻히는 일은 없고 다음의 살아있는 자의 것이 되어 빛나는 명예를 유지한다. 소유했던 자들이 어둠 속에 사라져도 지팡이만 남아 계속 존경을 받는다.'는 다소 우의적(寓意的)으로 그의 내면에 잠재한 철학적 명제(命題)를 확인시켜 주고 있다.

그는 우선 「우파니사드」라는 소재로 연작시 세 편을 심도(深度) 있는 메시지로 우리들을 매혹(魅惑)시키고 있는데 이 '우파니사드(upanishad)'는 인도의 바라문교의 성전에 속하는 하나의 고대

인도의 철학서이다. 이는 범아일여(梵我一如)의 사상을 중심으로 인간들의 업(業)과 윤리, 해탈 등을 주장하는 인도의 철학으로 종교의 원천을 이루고 있다는 사전적인 의미로 유추해 볼 때 김봉철 시인의 심저(心底)에는 심오(深奧)한 철학적인 요소가 깊게 잠재(潛在)해 있음을 간과(看過)할 수 없다.

그러나, 그런 나의 노력에도 불구하고 그림자는 나를 떠나지 않았다. 떠나기는커녕, 더 가까이 나에게 달라붙어 절대로 떨어지지 않았다. 이미 나의 모든 재산뿐만 아니라 사적인 비밀까지 다 알게 되었고, 사사로운 습관이나 행동까지 똑 같이 따라 했을 뿐 아니라, 앞으로 내가 어떤 음모를 꾸밀 것인지, 내가 마음속으로 누구를 좋아하고 미워할 지, 그림자의 감각은 점점 예리해져 내가 생각한 것 보다 더 빨리 선견지명을 가지게 되었으나, 그렇다고 나보다 빨리 행동하는 법은 없었다.

언제부터인가 나는, 오히려 그림자에게 감시당하고 있다는 생각이 들었다. 혹시 나의 치명적인 비밀을 아내에게 밀고 할지도 모르겠고, 비밀금고의 열쇠 번호를 알아 두었다가 몰래 도둑질 하지는 않을지, 그림자를 떼어 버리기 위해 암암리 지금까지 내가 해 온 음모를 눈치 채지는 않은 것인지 몰라, 나는 정신적으로 안정이 되지 않았다. 그러나, 음주운전을 조사하는 경찰처럼 양심이 이식된 그림자 는 나의 돌발적인 욕구를 가끔은 억제시켜 주는 역할도 하긴 했다.

나는 그림자가 없으면 좋겠다. 그림자는 그늘진 삶이며 음모와 쾌락과 뱀과 좌절과 같은 끝없는 고뇌를 대량 생산할 수 있는 자동사출용 금형일 수 있다. 그림자 없는 나를 아내가 다른 사람에게 소개할 때는 조금 창피할지 모르겠지만, 그림자 없는 나 같은 사람들만 모여서 산다면, 그리고 아내도 그림자를 버리게 된다면, 고통스러운 숙제를 풀어야 하는 내일이 아니라, 인생이란 살아 볼만한 신비한 날이 될 수도 있을 것이다.

김봉철 시인은 작품 「우파니사드 Ⅰ」에서 '그림자'라는 시적 대상물과 자신의 존재를 병치(竝置)하고 바라문교에서 설파(說破)하는 범아일여(우주의 근본인 브라만(梵)과 개인의 중심인 아트만(我)과 궁극적으로 동일하다는 인도 우피나사드 철학의 중심사상)의 철학과 유사(類似)한 비유법으로 작품을 전개하고 있다.

여기에서 가장 두드러지게 클로즈업되는 것은 '그림자'이다. 이 그림자는 바로 자신에 대한 의인화이거나 분신(分身)으로서 모든 언행(言行)의 중심축을 이루고 있어서 그가 지향하는 진실의 향방(向方)을 제시하는 대변자인지도 모른다.

그가 이러한 전제로 '나는 내 그림자를 어디에서 잃어 버렸는지 모르겠다. 텔레비전 속과 인터넷 속과 근대사를 찾아 샅샅이 뒤져 보았으나 종이 일간지는 조사해 보지 않았다. 오늘이 3.1절이어서 그날 만세를 부르다 일본 순사 총에 맞아 실종되었는가 착각도 했는데 거기에는 아무래도 내 연대가 맞지 않다. 아우렐리아노 대령도 아니고, 신드바드도 아니며, 이순신장군도 그의 부하도 아니며, 요덕 이야기에 나온 뮤지컬 배우들의 한 사람이거나 거기서 수용된 정치범일 수도 없으며 오다 노부나가도 아니다.'라는 어조는 그가 동행하고 있는 '그림자'가 실종(혹은 분실)되었음을 인식한 뒤에 이루어진 일이어서 그가 고뇌에 허덕이며 추적하는 시적 정황(situation)을 이해하게 한다.

그림자를 버리게 되면, 이웃 친구인 예수나 도갑사寺에서 도道를 열심히 닦고 있는 석가 형님처럼 되지는 못되더라도 최소한 신神이 줄그어 놓은 도덕적 경계에서 삐죽거리는 그런 인간이 되고 싶은 꿈을 가진 적은 있다. 나는 어두운 병동病棟에서 비밀리 그림자에게 나의 양심을 이식移植시켜 주었으나, 양심은 노래방의 리듬 전등처럼 곡조에 따라 수시로 변하여 나는 오히려 그 후 그림자의 비위를 마출 수 없었다.

그는 다시 '잠깐 썩은 세상과 쓸데없는 논쟁으로 핏대를 세워 방심하는 동안, 나는 내가 이 세상에서 가장 소중한 것을 잃어 버렸다는 사실을 깨달았다. 잃어버린 소중한 것이 무엇이었는지 알고 싶었으나 교회는 비어 있었고 신안 섬으로 낚시하러 간 친구 예수는 아직 돌아오지 않았다.'는 작품의 도입부분에서 감지(感知)할 수 있듯이 상실시대와 불신시대의 현실 사회의 불안정의 상황들에서 그가 시적으로 승화하려는 궁극적인 진실의 지향점을 간파(看破)하고 있는 것이다.

그는 작품 「우파니사드 Ⅲ」에서도 '내 그림자를 택배로 보내옴으로써 애인은 나에게 이별을 간단하게 통보했다. 서울로 올라 간 후 그녀의 새로운 네트워크가 완성되었음을 추측할 수 있다.'거나 '아내가 바티칸 제국으로 떠 난 후, 20년만 수명을 더 연장해 달라고 나는 하느님에게 매일 편지를 쓰고 간곡하게 기도를 드렸다. 그러던 어느 날 마침내 하느님으로부터 답장을 받았다. 답장에는 살아있는 동안 해야 할 임무들과 종사해서는 안 되는 직업들이 적혀 있었다.'라고 화자 '내(혹은 나)'를 통해서 일상에서 도출된 상상력을 결집시키고 있다.

여기에서 우리는 시적 화자로 등장시킨 '내'와 '아내' 그리고 '애인'의 관계 정립에 대해서 살펴보아야 한다. 그것은 시적 상황을 접근해보면 의문이 풀릴지도 모르겠다. 먼저 '아내'에 대한 언술이다.

– 아내에게 오해를 받지 않으려면 그림자는 항상 나와 있어야 한다. 아내는 내가 20년 더 살 수 있다는 사실을 모를 수 있지만, 아내가 죽기 전 까지는 아내의 사회적 체면을 위하여 나는 그림자를 아내가 항상 안심하고 보이게 하면서 데리고 다녀야 할 것이다.

– 아내가 로마에서 돌아오면 나는 애인에게 받은 비밀의 사랑의 묘약을 아내를 위해 사용할 것을 결심했다. 사랑의 묘약이 아내를 취하게 하고 있을 동안, 그림자를 떼 내야 하는 이유에 대하여, 아내의 체면 유지보다는 나의 본성을 보존하기 위하여 반드시 나는 아내를 설득할 것이다.

이처럼 '아내'의 존재는 현실 상황보다 더 적나라(赤裸裸)하게 전개되고 있다. 결국 동행하는 '그림자'와의 상관성을 규명하는 것이 그들의 시적 관계를 명징(明澄)하게 이해할 수 있을 것이다. 여기에는 '나는 그림자를 아내가 항상 안심하고 보이게 하면서 데리고 다녀야 할 것이다.' 또는 '아내의 체면 유지보다는 나의 본성을 보존하기 위하여 반드시 나는 아내를 설득할 것이다.'라는 그의 심저에는 어떤 사회성 짙은 강렬한 의미가 포괄하고 있음을 이해하게 한다.

– 나는 일을 열심히 했으나, 애인이 나를 따로 불러주는 일은 결코 없었다.
– 나의 그림자는 애인을 무서워 한 것 같았다.
– 애인이 내 그림자에게 무슨 일을 저질렀는지 나는 결코 알고 싶지 않았다.
– 나는 더 이상 애인과 반목할 의사는 하나도 없었다.
– 나는 감히 애인으로부터 온 문자를 잠시 무시해 보기로 했다.

그렇다. 나와 애인은 불가분의 관계이지만, 아내와 삼각관계를 이루면서 상당한 고뇌가 수반(隨伴)하고 있다. 그것은 바로 이 화자들이 사이좋게 공존하면서 공동으로 정화(淨化)하거나 척결하려는 사회적 비리와도 관련을 갖게 된다.

이러한 현상은 다음 작품들에서 확연하게 적시되고 있어서 현재의 실상을 재현하는 모더니즘적 언어를 읽게 하고 있다.

민주적인 가족은 다수결 원칙에 의거 아들을 군대에 보내지 않는데 편파적으로 합의하였다. 그 동안 나도 정부의 고위 관료로 성장해서, 아내와 비리와 내 그림자와 나의 자식들도 나와 동등한 고위 관료 수준으로 사회적 대접을 받았는데, 우선 실행 계획에 따라 아들을 병신으로 만들었고 장해등급을 받고, 관련 네트워크를 위에서 아래까지 매수하여, 아들이 공부만 계속하게 하는데 저렴한 비용으로 성공했다.

――「우파니사드 Ⅱ」 중에서

남북한이 통일되었다거나 쿠데타를 일으켜 혁명에 성공하였다든가 금메달을 땄다던가 톱스타가 되어 텔레비전에 자주 나와 김이 모락모락 나는 푸짐한 권력을 잡았다는 소문이 들리면 그림자는 삼청교육대에서나 요덕 수용소 같은 데에서 인간들을 사육하다가도 당장 내 옆에 와 나에게 아첨할지도 모른다.

—「그림자 찾기 Ⅱ」중에서

그것이 현재의 사회적 내밀한 형상이다. 역사적인 사실이거나 현실적인 감각에서 진행중인 사회적 비리나 타협들이 시인의 오감(五感)에서 다시 빚어진 폭로와 같은 언어들이 우리들을 흡인(吸引)하고 있다.

그는 '청문회가 봄 날씨처럼 열리는 날, 정부로부터 거액 용역비를 받은 까치들은 나의 비리非理를 심문했다.'거나 '정부의 개발 기밀을 빼내 아파트에서 땅으로 투자하고 빨리 선수先手를 쳐서 항상 이기는 게임을 하며'라는 등의 어조는 그가 직시(直視)한 세상살이의 비리에 대한 원망(遠望)이며 생존현장의 비극을 적시하는 언어이지만, 그 진정한 내면에는 이러한 외적(外的) 현상들이 형상화하는 내적 진실을 우의적으로 표면화하는 시법임을 알 수 있다.

김봉철 시인에게서 다시 우리들을 미로(迷路)에 헤매게 하는 것은 연작시「그림자 찾기」에서 주목된다. 이 시집 전체의 작품에서 시선을 집중시키는 것이 바로 이 '그림자'이다. 그렇다면 이 그림자의 실체는 무엇인가. 다음과 같이 짐작할 수 있을 것이다.

– 투명인간은 그림자가 없다.

– 주인을 잃은 그림자들은 고민을 한다.

– 그림자들만 모여 청와대 지하 벙커 같은 창고에서 날마다 긴급회의를 한다.

– 그림자는 나를 위하여 존재하는 것이 아니라, 이유 없이 옆에 존재하는 것이다.

– 내가 투명인간으로 돌아와 내 그림자를 찾으려 해도, 거리에서 잃어버린 유아처럼 그림자는 스스로 나에게 돌아오지 않는다. 그림자는 유괴 되거나 살해되거나 다른 사람들에게 달라붙어 있을 수도 있고,

– 나는 그림자를 사랑한 적이 없다.

– 그림자는 확실히 공적 자금과 권력을 지배했다.

– 그림자가 없는 나는 갑자기 투명인간으로 둔갑하게 된 것이다. 그림자는 잘 놀지 못해서 재미없는 나를 찾아오지 않을 것이며, 나 또한 그림자 찾기를 포기할 것이다.

이러한 어조들은 작품「그림자 찾기 Ⅰ」에서 적시한 그가 의인화한 시적 화자인데 그 화자가 종횡무진으로 누비는 시적 과정과 전개는 어쩌면 시사성 짙은 정책적인 칼럼에 비길 만큼 진지하게 질타하여 경악을 금치 못하게 하는 형상을 엿보게 한다.

그는 작품「그림자 찾기 Ⅱ」중에서 '그러나 그림자가 왜 나로부터 떨어져 나가야 했는지에 대해서는 체면 때문에 설명에서 뺐다. 고승처럼 고고하게 살기를 포기한 이유도 차마 설명할 수는 없었다.'거나 '그림자가 없는 나는 조립 완성된 것처럼 보이나, 밤이 깊어 갈수록 나는 철저히 분해되어 버린다.' 그리고 결론으로 '그림

자의 의견은 무엇일까?'라고 의문을 제기하는 것으로 보면 이 그림자도 미지의 상관물이거나 아니면 미완성의 자아(自我)에 해당하는 우의적인 화자일 것으로 추정하게 된다.

이러한 유추는 그가 작품 「우울」중에서 '나는 그림자들을 고용하여 그 조직에 배치하'기도 하고 '신은 신도덕의 질서를 세우기 위해 수 천 개의 그림자를 골라 갑옷을 갈아입힐 수 있는 권력을 부여 받'기도 하지만 이내 사라지고 마는 현실적인 생활방식은 시인의 가슴과 저 멀리에서 난무(亂舞)하는 허망(虛妄)에 지나지 않음을 알게 된다.

그는 '버려진 그림자가 혼자 남아 울고 있다. 울음소리 아주 구슬프다. 구슬픈 울음소리 계절을 바꾼다. 복종아 나는 너를 사랑했다 너와 지낸 행복 그 세월 가슴 깊이 묻어 둔 그 비밀 지금 너무 슬프다 슬퍼서 가슴을 저민다. 비가 내린다.'는 어조로 배척과 배신의 절망감이 엄습하고 있어서 화자의 사회적 적응능력이 희박해지는 형상으로 정화시키고 있다.

그러나 그는 '아무리 살충제를 독하게 뿌린다 해도, 그림자들을 죽일 수 없다.' 또는 '그림자가 높은 자리에 앉지 않았더라면, 나는 높은 곳에서 떨어지지도, 떨어져 다칠 위험도 없었을 것이다.'라는 자성(自省)의 어조로 전이(轉移)하는 형상을 엿보게 하고 있다. 대체로 이 시집에 수록한 작품들의 지향점이나 경향이 저돌적인 사회적인 문제에 천착하면서도 시사적인 문제를 심도 있게 분석하는 기사도의 정신이 바로 이 시편들이 구현하려는 의도인지도 모른다.

이러한 시법은 시적 상관물에 대해서 본의(本義)와 반대로 말하거나 부정적 혹은 소극적인 표현으로 도리어 긍정적, 적극적으로 의미를 나타내는 표현법으로 아이러니(irony)의 기법이라고 할 수 있다.

우리 수사법(rhetor)에서는 강조하는 방법으로 비꼬거나 풍자가 있어서 다소 반어적(反語的) 표현을 들 수 있는데 외적인 어조로 그 이면에 내포된 의미와는 반대로 나타나는 것이 그 특징으로 되어 있다.

김봉철 시인의 이러한 시법은 신즉물주의(新卽物主義-new objectivity)라는 표현법과 유사하다. 이는 제1차 세계대전 후 독일에서 1922년 무렵, 표현주의의 반동으로 일어난 예술 사조와 유사한 형상이다. 표현주의인 순수 주관주의를 배척하고 대상의 실재적인 파악과 박진적인 묘사 혹은 세밀(細密) 묘사의 철저한 추구 등의 객관적 경향을 중시하면서 현실의 준엄한 추구라는 문예사조의 한 흐름을 상기하게 되는 특수성을 읽게 한다.

한편 그에게서 주목하게 되는 작품은 「그림자놀이」 10편에서는 더욱 깊은 사유를 요하는 시적 정황으로 현현되고 있다.

소제목에서 눈치 챌 수 있겠지만 1. 세상에 복귀하다. 2.피리소리 3.신성을 위하여 4. 역사의 그림자 5. 종교와 그림자 6. 국가와 그림자 7. 인간과 그림자 8. 변종 9. 천국의 가을 10. 회복이라는 시적 소재가 의미심장함을 인지하게 된다.

그는 '그림자는 인간이 만들어 놓은 첨단 장비에 이미 침투해 있다.' 그리고 '내가 그림자들을 음해하는 글을 써 간다면 그림자들은 나를 체포하러 올지도 모른다.'는 '인간과 그림자'에 대한 진술한 예언(豫言)은 공감의 영역을 확산시키고 있다.

또한 그는 '그림자놀이'의 결론으로 '과거에서 돌아온 그림자들은 각자 주인을 찾아 다른 방향을 정해 떠났다.', '그런 주인을 찾아 그림자들은 다시 주인에게 돌아가기로 했다.' 그리고 '천국을 두루 여행하고 보고 돌아 온 자들은 다시는 천국, 그런 곳에 가지 않을 것이다. 그런 곳은 사실 세상에 없다. 죽으면 솔직하게 썩어서 흙으로 돌아가는 편이 낫다. 그리고 흙이 되면서 그림자와 함께 존재가 모두 사라지는 것이 깨끗하다. // 그 인간들에게 그림자는 돌아갈 결심을 하였다.'는 근엄(謹嚴)한 가치관을 정립하고 있다.

김봉철 시인의 깊은 정서의 늪에는 시사성(時事性)이 응축된 절규가 넘치고 있다. 우리 사회의 병폐(病弊)나 이미 실망의 골짜기를 넘어간 정치 시회 문화 경제 등등의 범주(範疇)까지도 그의 사유 영역 안에 남는다.

시인이 죽은 사회에서, 협회에 등록된 시인들의 명단이 점점 불어 난 것을 보면 의아하다. 무엇인가 모르지만 모두들 자기가 지은 노래를 자기가 불러보고 싶어 하는 것 같다. 그러나 무엇인가 만족하지 못하고 그것이 아니어서 다른 노래를 지어 다시 불러 본다. 내가 지은 노래를, 모르는 다른 사람이 부르는 것을 들으면 들을수록 나는 감격한다.

――「시인이 죽은 사회」 중에서

소년에게 용돈은 항상 부족했다. 가끔은 어머니 몰래 아버지가 용돈을 호주머니에 찔러 준 적이 있었는데 소년은 그 돈으로 비밀 통로를 경유하여 꾸준히 전쟁물자를 구입해 왔다.

――「21세기 전쟁 소년의 변증법적 함수에 대한 분석」 중에서

한 파는 풍선에 1달러를 매달아 공중에 날려 북한 쪽에 보내 약을 올리는 방식을 채택했고 다른 한파는 돈도 식량도 모아 주면서 그보다는 가당치 않은 애정을 주려고 애썼다.

――「남북통일에 대한 정부의 제안」중에서

그렇다. 우리의 현대시에는 사회성을 강조하는 작품을 많이 대하게 된다. 우리 인간은 고립된 상태에서 생활할 수 없기 때문에 어떠한 형태로든지 서로 교류하고 집단을 이루면서 사회를 형성하게 된다. 현대시도 그 사회생활에서 떠날 수가 없다. 시는 의식적이든 무의식적이든 사회적 현실에 직면하여 거기로부터 끊임없이 주제를 탐색해야 한다.

이처럼 김봉철 시인도 '시인'과 '21세기 전쟁 소년'과 '남북통일' 등 현실문제에 집착하면서 사회적인 모순과 갈등에 대해서 상응하는 비유와 상징을 동원해서 시적으로 형상화하는 특징을 이해할 수 있다.

현대의 사회는 삶에 대한 방식이나 인식이 더욱 복잡해지고 다양화함으로써 불합리한 양상이 도처에서 발발하기 때문에 우리 시인들은 비록 자기 내부에 침잠(沈潛)할 때에라도 외부로부터 갈등을 그 복잡한 사고(思考)와 표현으로 나타내는 경우가 많아지고 있다.

지난 날 시의 사회성이라고 하면 그 시인이 널리 일반적인 사회인으로서의 공통성 위에 서고 그 작품의 주제가 사회에 대해서 다루고 있으면서 능동성(能動性)을 나타내는 경우에만 언급되었다.

이러한 시적 구조는 아주 소박한 생활시로부터 정치적인 사회체제의 변혁을 위한 작품 그리고 평화를 위한 작품 등 광범위하게 포괄하지만, 단적으로 그 경향을 드러내는 등의 특성을 알 수 있었다. 그런면에서 김봉철 시인의 서사구조의 시법은 대체로 사회적인 이슈가 주종(主從)을 이루고 있어서 그가 의도하고 구현하려는 시적 진실이 바로 현실의 갈등들을 화해시키는 한 방법으로 승화하고 있는 것이다.

김봉철 시인은 이러한 시사성의 작품 이외에도 그의 서정성을 이해할 수 있는 작품도 많이 읽을 수 있다.

무엇인가 그리워 질 때면 밤이 깊어 갑니다.
겨울밤은 오래도록 나를 혼자 내버려 둡니다.

검은 스타킹을 끼고 다리를 길게 꼬고 벤치에 앉아 있는 저 영산강 아래로 가로등이 흘러가는 누군가 버린 꿈을 비춥니다. 나도 가지고 싶지 않은 것들은 몰래 모두 모아 강물에 흘러 떠나게 하고 아주 잊히어지도록 시간을 재고 있지만 다시 여러 가지 생각이 떠올라 참으로 잊히어지는 것은 없습니다.

고즈넉한 밤 강 뚝
내가 사랑한다는 것을 알면서도 철새들은 둥우리를 박차고 날아오릅니다. 품었던 갈대밭을 떠나 달빛들이 그림자를 모읍니다.

강물에 혼자 달이 떠서 흘러갑니다.

여기 작품「행복한 시간」 전문에서 보는 바와 같이 그의 잔잔한 서정이 넘치는 정감(情感)을 느낄 수 있다. 겨울밤의 고독과 그리움 등이 혼합의 이미지를 통해서 사유를 정리하는 진지한 모습의 시정(詩情)을 알 수 있다.

그는 작품「고백」중에서도 '아내여, 나는 그대의 큰 바다가 아니라 해변에 지금 막 부서지고 있는 작은 물거품을 임을 용서하라. 나도 죽어서 해변에는 많은 파도의 무덤이 보인다. 저 멀리 바다 어디에선가 만나 그래도 파도는 함께 부서지기 위하여 겁 없이 사랑하며 엉키면서 해변으로 밀려간다.'는 성찰의 고백은 그가 지향하는 인생관의 재정립을 위한 하나의 잠언으로 들린다.

이러한 작품은「겨울」「선물」「하당에서」「눈 내리는 밤」「목포항」「봄이 오네」등에서 그의 서정시적인 상황과 그 전개 혹은 이미지의 함축 그리고 주제의 투영을 엿볼 수 있게 한다.

그러나 김봉철 시인은 이 시집의 제목과 같이 그림자 찾기는 지금도 진행형이다. 작품「ABA THAR를 그리워하며」 전문에서 '생활이 나를 속일지라도 그림자가 하자는 대로 시키는 대로 나는 한다. 물 위에서 긴 팔로 무거운 짐을 들어 올리는 숙명은 나에겐 평온이다. 그 겨울 매서운 북풍이 몰려 와 목포 부두 주인 없는 모든 그림자들을 모두 휩쓸어 가는 비극적 시간은 나의 안식이다.

고상한 가로수 나무 사이로 겨울해가 걸려 있는 동안 나는 이룰 수 없는 꿈을 다시 꿈을 꿀 것이다. 긴 팔뚝에 걸린 짐을 내려놓으며 바람이 멈추고 내가 잠시 휴식을 취하는 동안 그러면서 나는 다시 아비타를 그리워한다.'는 어조와 같이 그의 그림자는 그의 영육(靈肉)을 지배하면서 '평온'과 '안식'과 '꿈'과 '그리움'이 융합(融合)하는 조화의 시세계를 구상하고 있는 것이다.

그의 그림자 찾기는 오래도록 지속되는 그의 인생론적 철학이기도 하기 때문이다.